更有料有趣的朝代史

漢史

3 群雄逐鹿

方寄傲 编著

浙江工商大學出版社
ZHEJIANG GONGSHANG UNIVERSITY PRESS
·杭州·

图书在版编目（CIP）数据

汉史 / 方寄傲编著 . —杭州：浙江工商大学出版社，2022.1（2024.1重印）
（有料更有趣的朝代史 / 胡岳雷主编）
ISBN 978-7-5178-4397-9

Ⅰ.①汉… Ⅱ.①方… Ⅲ.①中国历史—汉代—通俗读物 Ⅳ.① K234.09

中国版本图书馆CIP数据核字（2021）第054706号

汉 史
HAN SHI

方寄傲 编著

责任编辑	张晶晶
责任校对	熊静文
封面设计	吕丽梅
责任印制	包建辉
出版发行	浙江工商大学出版社 （杭州市教工路198号　邮政编码310012） （E-mail: zjgsupress@163.com） （网址: http://www.zjgsupress.com） 电话：0571-88904980，88831806（传真）
排　　版	北京东方视点数据技术有限公司
印　　刷	唐山富达印务有限公司
开　　本	787mm×1092mm　1/32
印　　张	28
字　　数	725千
版 印 次	2022年1月第1版　2024年1月第3次印刷
书　　号	ISBN 978-7-5178-4397-9
定　　价	198.00元（全四册）

版权所有　侵权必究
如发现印装质量问题，影响阅读，请和营销与发行中心联系
联系电话　0571-88904970

目 录

第一章 霍光辅政,汉室复苏

忠心耿耿霍子孟 _ 003

死心不息的反对派 _ 007

昭帝改革 _ 011

草原上的春秋 _ 014

二十七日皇帝刘贺 _ 017

第二章 宣帝小中兴

政治斗争下的牺牲者 _ 023

汉宣帝的雄才文治 _ 027

第二战场破匈奴 _ 032

趁你病要你命 _ 037

第三章 主昏臣弱的朝廷

念亡妻刘询传位刘奭 _ 045

主昏弱臣下党争不断 _ 048

贪权力郑朋见风使舵 _ 051

保名节萧望之自杀 _ 054

001

第四章　王氏家族和赵氏姐妹

　　王政君的皇后之路 _ 059
　　王家有子名王凤 _ 061
　　赵氏姐妹入住后宫 _ 064
　　为了女人第一次杀人 _ 067
　　选立接班人 _ 070

第五章　王莽的发迹史

　　谋权位群小献丑 _ 075
　　王莽的成长史 _ 079
　　人为财死 _ 082
　　一份奏折铲除异己 _ 086

第六章　王、傅集团斗争记

　　进退维谷的刘欣 _ 091
　　傅氏得势，王莽隐退 _ 095
　　两强之间有一虎 _ 099
　　董贤封侯 _ 102
　　董贤出击，傅氏陨落 _ 106

第七章　盗国之路

　　历史的牺牲品 _ 111
　　王莽卷土重来 _ 115
　　权力欲望的膨胀 _ 118
　　政治婚姻 _ 122
　　来自儿子王宇的反抗 _ 125

第八章　王氏帝国的崩溃

　　覆巢之下无完卵 _ 131
　　国无能主，王莽摄政 _ 135
　　爬上权力的巅峰 _ 139
　　梦想中的天朝大国 _ 143
　　背信弃义 _ 146
　　权术之女的结局 _ 150

第九章　揭竿而起重兴汉室

　　刘秀的身世 _ 155
　　王氏必灭，汉室当兴 _ 159
　　揭竿起事夺天下 _ 164
　　生死一战 _ 168
　　帝位花落谁家 _ 173
　　血战昆阳 _ 178

第十章　一将功成万骨枯

　　匡世经纬，胸怀天下 _ 185
　　现在还不到称帝的时候 _ 190
　　冯异的神来之笔 _ 194
　　刘秀登基定天下 _ 199
　　西迁长安乱 _ 202
　　内忧外患，风雨飘摇 _ 205
　　赤眉立君更始灭 _ 209
　　十里长安，人间地狱 _ 212
　　赤眉军败亡 _ 215

第一章

霍光辅政，汉室复苏

忠心耿耿霍子孟

昭帝年幼，朝堂上真正掌权的乃是霍光。

霍光生年不详，字子孟，西汉河东平阳（今山西临汾西南）人，是名将骠骑将军霍去病的同父异母兄弟，十几岁时跟随哥哥霍去病来到京城。

霍光之父霍仲孺曾在平阳侯手下为吏，与平阳侯的侍女卫少儿私通生霍去病，归家后娶妻生子霍光。至霍去病在京城任将后，方知他的生身之父为霍仲孺。二十一岁时，霍去病已经立下战功。他以骠骑将军之职率兵出击匈奴，路过河东，方与其父相认，并为其购买了大片田地房产及奴婢。当时，霍光仅十多岁。

霍去病把霍光带去长安，安置在自己的帐下，并保举他入朝做了郎官。后霍光被升为诸曹侍中，参谋军事。皇帝很快就开始注意到这个忠厚可靠、端正严谨的青年，并逐渐重用他。两年之后，霍去病去世，汉武帝已经封霍光做了他的奉车都尉，享受光禄大夫待遇，"出则奉车，入侍左右"，以负责保卫汉武帝的安全。

霍光做任何事情都谨小慎微，所谓"伴君如伴虎"，也只有这样的人，才能够在残忍好杀的汉武帝身边笑到最后。据传，他每次出宫、下殿时，起止步都有固定的点，有人曾暗中跟随做出记号，事后再算量丝毫不差，可见他的审慎之甚。他这些品质得到了汉武帝的嘉奖。

公元前88年,汉武帝已经年逾古稀。一日,武帝将霍光召进皇宫,给了霍光一张"周公背成王朝诸侯图",图画的含义直指古代周公曾背着小成王临朝,会见诸侯继承大统、最终辅佐年幼成王时的故事。其用意很明显,就是要霍光将来像周公辅成王一样来辅佐幼主弗陵。

霍光临危受命,自然感到责任重大。一方面,霍光要负责辅佐少主,不能够让他犯下大的错误;另一方面,霍光还需要治理国家,维持旧帝驾崩、新帝继位之时天下的稳定,尤其要防止一些心怀不轨而又拥有反对当朝的实力的人或者家族。

汉代特别注重天人合一的思想。如果天降祥云,人们上至皇帝、下到百姓,都会以为国家幸甚,皇帝有道,未来一片光明;但如是天降异象,则普天之下都会认为,一定是皇帝治国不当,灾异将生。恰好这一天,天上出现了不一般的怪异现象,于是,百姓纷纷议论,连群臣百官也对此惶恐不安。如此下去,宫中定然会出现祸端,霍光当机立断,召见保管皇印的郎官,要他把皇印交出来由自己保管,以防不测。但是,这位郎官也忠于职守,皇印乃是代表着天子号令,霍光此举,不得不让郎官担心,怕他有图谋不轨之心,遂不肯把皇印交给霍光。霍光眼见此人竟然如此迂腐,便决定强夺皇印,哪知这郎官也是一个狠角色,他见势不妙,遂手握剑柄,按住皇印,对霍光说:"头可断、血可流,要皇印绝不可能。"

霍光一怒之下,当即转身离开,心中不禁暗想,自己位居第一辅政大臣,对皇室的忠心天地可鉴,此人不过一个小小的郎官,竟然不信任自己,真是气煞人也。但是事后,霍光也觉得,换了自己,也肯定不会将这个皇印献出,如果真的遇到了心怀不轨的人,实在非社稷之福;从这个层面讲,郎官非但无过,反而有功。第二天,霍光就下令给这个郎官连升两级。霍光这种不计私怨、秉公办事、赏罚分明为朝廷的精神，受到朝中官员的敬佩，威望日渐提高。

霍光公正严明，即使是对自己交厚或者亲近的人，也一点都不例外。当时的辅政大臣除了霍光以外，还有车骑将军金日磾、左将军太仆上官桀、御史大夫桑弘羊三人。其中，尤其以金日磾和霍光关系最好。昭帝继位第二年，金日磾因病逝世，留下两个儿子金赏、金建。此两人是和汉昭帝一起长大的好朋友，霍光也比较喜欢这两个人。于是，汉昭帝决定封这两人为侯。

按规矩，长子应该继承其父亲的爵位，次子金建就不能再被封侯了。于是，霍光直接对皇帝提出反对意见。皇帝不以为然，认为自己堂堂天子，封侯拜将不过是小事一件，不需要考虑什么规矩。

这时，霍光性格中刚性的一面便显露出来了，他正色道："臣和金氏家族相熟，陛下和他二兄弟亲厚，然而臣深刻地知晓，不能以私废公；否则，就会遭到天下人的诟病。此外，无功者不能封侯，此乃高祖皇帝立下的规矩，皇上虽然贵为九五之尊，也不可以因为一己之私，而擅自废黜规矩；否则，天下定会大乱。"皇帝闻言，感到霍光一片赤诚之心，遂决意罢了封侯之事。霍光遂乘机教导皇帝道："百姓至今还在想念着汉孝文帝、汉景帝以及先帝，每逢清明时节，都有很多人在家中将其奉若神明般地祭拜。"汉昭帝不大明白，好奇地问道："何以百姓会如此爱戴他们呢？"霍光欣然一笑，转身拱手说道："因为他们爱民如子，对百姓之事从不推脱责任，他们驾鹤西去，百姓自然会心有不舍。"于是，皇帝心中暗自决定要励精图治，和之前的各位皇帝一样，成为受万民景仰的皇帝。

在霍光的提议下，两人遂联合商议出四条安抚百姓的措施：第一，查办失职的官员；第二，要各郡县推荐贤良的人才；第三，为受诬陷的人申冤；第四，安抚孤独疾苦的贫民。为了发展农业生产，每当春耕时，霍光就派人到各地去查看生产情况，政府把种子和粮食贷给缺粮少种的贫民。秋天还下诏："往年灾害多，今年蚕、麦伤，所振贷种、食勿收责,毋令民出今年田租。""比岁不登,民匮于食,流庸未尽还,往时令民共出马,其止勿出。诸给中都官者,且减之。"昭帝为了改革吏治,选拔任用有才德的人,皇帝下令:"三辅、太常举贤良各二人,郡国文学高第各一人。赐中二千石以下至吏、民爵,各有差。"

死心不息的反对派

霍光自辅政开始,就一直很在意处理好自己和君主的关系。否则,不但会败坏自己的声名,为政敌所乘,更会贻害天下。

霍光当政之时,其最大的政敌,就是左将军上官桀和燕王刘旦。本来,按照上官桀和燕王的计划,如果霍光在当政之时,有什么不轨的行为或者过激的举动,他们就可以名正言顺地"清君侧",然后废帝自立。可惜,这霍光最大的长处就是为人谨慎,他们想尽了办法,却依然抓不住霍光的任何把柄。

上官桀觉得,如此下去也终非长久之计,要成大事,就要不择手段,利用一切可以利用的资源。于是,他们便将自己的目光转向了昭帝之姊盖长公主。此人年长于昭帝,自幼便得到武帝的喜爱和恩宠。而公主此人虽然智谋上不比上官桀等老奸巨猾之辈,却也是素有野心。于是,上官桀和燕王决意,先与公主搞好关系,然后一步步逼近皇朝的至高权力。当然,直接和公主接洽,太惹眼了,很容易使霍光有所防范;而且也难保公主会理睬他们,所以上官桀首先去巴结公主之近亲丁外人,并极力为丁外人求官晋爵。公主得知此事大为高兴,于是日益亲厚上官桀,上官桀遂与丁外人、公主等结成死党。在第一步完成之后,通过与公主的关系,上官桀遂紧锣密鼓地布置其孙女入宫的事情,最终其孙女被封为婕妤。明眼人一下就能看出来,上官桀此举意欲通过公主和孙女,来取代霍光与昭帝的地位。

太子刘据死后,燕王刘旦本以为,天子之位定然非自己莫属,岂料半路杀出个程咬金,让昭帝抢了先机,遂心怀不满。无独有偶,御史大夫桑弘羊在武帝时理财有功,不甘居于霍光之下,遂想推翻昭帝,赶霍光下台,由自己和上官桀主持国家大事。如今上官桀已经找到了长公主这样一棵大树作为靠山,撇开了自己,桑弘羊遂与燕王刘旦勾结起来。这就形成以燕王刘旦和长公主为首的两股政治势力。

而眼下霍光手握天子,实力上较他们任何一方都要强上半分,于是,这两股势力为了达成共同的目标,便联合成为一股势力,以谋取政权。自然,要谋取政权,首要的绊脚石就是霍光。因此,上官桀制定了以下计划:一者,先利用燕王刘旦的身份,发动政变;二者,在政变成功之后,除去燕王旦,废掉长公主的权力,由他一人独立掌握朝政。一时之间,京师长安的局势,恰如搭弦之箭,一触即发。

一场政变,所要进行的准备工作十分繁杂,来自下层的支持必不可少。所谓下层就是那些普通官员,他们如果支持一方,一方就能够充分利用许多的资源,从而增加政变成功的可能性。于是各方势力集团都开始着手培植自己的亲信势力。

自王朝初期以来,朝廷习惯于对个人赐给某些名誉官衔(如侍中)。这些人没有特定的职责或官俸,不过是荣誉或受宠的标志,接受官衔的人数也没有正式限制。他们能随意进入皇宫,个人可以伴随皇帝,从皇帝那里分得一部分权力,渐渐地形成一个势力集团。这个集团就是历史上所说的内廷,而被正式任命和有官俸的文官组成的势力,就被称作外廷。如果一名侍中,得到皇帝的任命,去领导少府的一个下属官署尚书,他就有条件可以不顾正式职官的职责和权限而行使其权力。久而久之,皇宫大内最有权力的人物,不是丞相,不是将军,而是尚书令,因为他能直接觐见皇帝,能由此获得对他的行动的必要的认可。

恰逢此时，霍光有感于苏武的志气，将被匈奴扣留十九年之久的他召还京都长安，任为典属国。燕王着手布置诛除霍光的事宜，知晓霍光竟然做出如此举动，遂心中大喜，忙向皇帝上书，诬告霍光意欲借助匈奴兵力，同时暗自调动京城兵力，封锁都城，目的就是为推翻昭帝，自立为帝。燕王刘旦继而请求皇帝准许自己带兵入宫，旨在为了防止霍光，拱卫皇帝和京师。这封信很顺利地递到了昭帝的书桌上，然而他们却没有料到，昭帝虽然貌不惊人，平时也没有什么很明智的举动，但实际上却聪明得很。所以揭发信到了昭帝手中，他没有做出任何表示，一方面，他不相信燕王所说；另一方面，他也想顺势看看，霍光对于自己的忠诚度到底有多高。霍光很快就知晓了这件事情，于是，到了第二天他便故意不上朝，而是站在先帝所赠"周公背成王图"的图画面前，以示清白，同时也要昭帝表明自己的态度。果然，昭帝见霍光竟然没有上朝，遂当朝问道："霍卿家何以会不来上朝？"上官桀乘机说道："这正证明了霍光的心虚，他定然是知晓了燕王刘旦的告密信。由此可见其情报网络的严密，陛下危矣，请责罚于他。"哪知昭帝竟然一点也不为所动，他召来霍光，淡然笑道："我知道那封书信是在造谣诽谤，你是没有罪的。如果你要调动所属兵力，时间用不了十天，燕王刘旦远在外地，怎么能够知道呢！况且，你如果真要推翻我，那也无须如此大动干戈！"上官桀想不到，己方几个人苦心经营的计谋，竟然叫这个年方十四岁的小子给一语揭穿，不禁对昭帝心生恐惧。朝臣见皇帝如此聪明果决，心生赞叹之余，也不禁生出了死心塌地跟随皇帝的心思。

一计未成，自然又生二计。上官桀等人的阴谋，在昭帝的火眼金睛之下，自然不攻自破。于是，上官桀等人遂决定铤而走险，用最后的武装手段解决问题。上官桀给燕王献计，要长公主配合自己，先麻痹霍光，让他降低防范之心，继而宴请于他，在宴会上杀了他。如此，则昭帝就成为没有翅膀的鸟，只能任由他们宰割。可是，人算不如天算，这场由上官桀发动的政变，还没有开始实施，就被霍光粉碎了。上官皇后因为年纪幼小，又是霍光的外孙女，所以未被废黜。综观全局，其实上官桀等人能成功的可能性很低，一者，他们手中没有实际的权力；二者，燕王虽然是武帝子嗣，但由他继承皇位则名不正言不顺，因为天下都知晓，武帝遗诏，是立刘弗陵为帝；三者，则是御下不严，发动政变可是诛灭九族的大罪，他们却布置得一点也不严谨，到了事发之后，还不知道疏漏出在哪，而且没有任何可以抵挡一时的措施。

从此，霍光独大，权力的膨胀也刺激了野心的生长。霍光渐渐从一个"忠臣"转变为一个"权臣"。

昭帝改革

从性质上说，霍光与上官桀、燕王刘旦等人的斗争，乃是封建官僚集团以及宗室内部争夺统治权的斗争，也是宗室内部争权夺利和官僚集团长期互相倾轧的总爆发。霍光等人，在武帝时期虽可以长期出入宫禁，但仍属朝廷中默默无闻的官吏，无论是实际的权力还是财富都难以和许多名门望族相提并论，他所代表着的，正是当时社会上中小地主的利益。因此，他在一定程度上，必然会受到大地主、大商人的压制，以上官桀、长公主和燕王刘旦等人为代表的势力集团，对于霍光辅佐的昭帝的不满，就显示了这种情况。从双方斗争的结果来看，上官桀、长公主和燕王刘旦的政变在无形之中被粉碎，也就使汉朝中后期大地主、大商人阶层整体利益受到一次沉重打击。从历史唯物主义角度出发，这就有利于抑制落后腐朽的势力的发展，从而推动社会前进。此后，霍光权倾朝野，同时还努力培植自己的势力，让其弟弟、儿子、女婿等人也纷纷担任要职，霍氏一门的势力达到高峰。此时此刻，昭帝才只有十四岁。后人评价说："汉昭帝年十四，能察霍光之忠，知燕王上书之诈，诛桑弘羊、上官桀。高祖、文、景俱不如也。"眼见昭帝如此大才，霍光心中也暗自想到，这昭帝将来如果不出意料，必然能够成为一代明君。

因此，霍光决意一心辅佐昭帝。在他的辅佐下，昭帝主要进行了以下改革。一者，霍光看到，武帝末年因对外战争、四处封禅，造成了国力的严重损耗，农民负担沉重，大量破产，使得国内矛盾不断激化。于是，霍光建议昭帝，多次下令减轻人民负担，裁汰冗员，减轻赋税，与民休息。二者，则是对匈奴的战和关系，昭帝继位之前，霍光就对武帝穷兵黩武的做法心怀不满，只是那时候霍光实力太小，不敢表露心迹。如今，霍光大权独揽，遂和昭帝商议，一改过去武帝时对匈奴长期作战的政策，一方面重新与匈奴和亲，以改善双方的关系；另一方面加强北方戍防，多次击败进犯的匈奴、乌桓等，从而使得武帝时期的大规模战争停止下来，有助于国内的经济恢复与发展，也有助于皇朝内部政治体系的稳定和专制权力的巩固。三者，则是主要在经济方面进行了改革，在上官桀等人未被诛除之前，霍光与他们便存在着巨大的政治分歧，那就是关于盐铁是否进行专卖。武帝时期，就实行盐铁专卖，引起天下议论。所以到了昭帝继位不久，霍光便于始元六年（公元前81年）召开"盐铁会议"，对武帝时各方面政策进行讨论。桓宽所编著的《盐铁论》一书对于此次关乎汉朝经济政策的讨论，有着比较详细的记载。其实汉武帝的盐铁官营、酒榷均输等经济政策的推行有着复杂的社会背景，当时武帝正全力反击匈奴，国家财政陷入空虚之境，此等政策乃广开财源、增加赋税收入的临时政策。但是武帝没有预料到，官营盐铁、酒榷、均输等政策的实行，随着国家体系的延伸和战争的迁延，政策施行的结果逐渐违背了武帝的初衷，中小地主的利益深受损害，大部分财富集中于大官僚、大地主及大商人之手。于是出现了官吏"行奸卖平"，而"农民重苦，女红再税"的状况，以及"豪吏富商积货储物以待其急，轻贾奸吏收贱以取贵"的局面，大官僚大地主财富愈积愈多，中小地主和一般百姓却日趋贫困。因此，早在昭帝即位之初，霍光就依此要求改变盐铁官营、酒榷、均输等经济政策。为了给盐铁会议的召开做准备，昭帝始元元年（公元前86年）闰十二月，霍光就派遣当时的廷尉王平等五人出行郡国，察举贤良，访问民间疾苦，搜集事关盐铁政策的材料证据。经过争论，昭帝下诏依然保留盐铁专卖，但取消了酒的专卖。后来又逐步废除了盐铁官营、均输等政策，从根本上抑制了大地主、大商人的利益，在一定程度上缓和了社会矛盾，调整了阶级关系，最终使汉朝的经济走上了恢复发展的道路。总体而言，这三项措施的严格施行，使得武帝后期在政治、经济和军事三个大的方面所遗留的矛盾基本得到了控制，西汉王朝衰退趋势得以扭转，国力得到增强，史称"百姓充实，四夷宾服"。班固在《汉书》中也评价道："武帝之末，海内虚耗，户口减半，霍光知时务之要，轻徭薄赋，与民休息。至是匈奴和亲，百姓充实，稍复文、景之业。"

草原上的春秋

一朝天子一朝臣，壶衍单于取代旧单于即位，准备进行大刀阔斧的改革。新单于刚刚继位，不了解汉朝，于是常常害怕汉军前来袭击，谋士卫律为单于定计，要求与汉朝和亲。其实，早在上任匈奴在世之时，卫律便产生了这个想法，特别是他在劝降苏武之时，苏武曾对他说道："你身为人臣人子，却背主背亲，在匈奴这里给人做奴隶。单于对你言听计从，可是你却教唆他杀害汉使，蓄意挑起匈、汉战争，真是其心可诛。此前，南越王、大宛王、朝鲜王都曾杀害汉使，但他们最后都被讨平。如今，匈奴灭族的祸患，怕是要从杀我开始了。"卫律本是汉人，却做了汉朝历代的死敌匈奴的谋士，心中不免有所愧疚，如果能够使汉、匈双方罢兵言和，也算是偿还自己的罪恶；同时，卫律也意识到，匈奴南下中原，只能是劫掠而不会久居，而且匈奴要彻底打垮大汉朝，几乎是不可能的事情。如今匈奴衰微，时机已经成熟，相信单于也希望汉、匈之间能够握手言和。果然，壶衍问卫律计策，当即大喜，并命卫律全力去做这件事情。

公元前81年，汉、匈复交，汉朝派到匈奴的使节听到苏武仍然活着的消息，要求放苏武等人回国，匈奴单于遂假称苏武已死，由于此刻苏武尚自远在北海，使节也没有办法，只得先行离去。不久，汉使又来到匈奴，有个叫常惠的暗中面见汉使，为汉使献计，教使节对单于说道:"汉天子在上林苑射猎,射下一只大雁,雁脚上系着一块写字的绸缎,上面说苏武等人在某湖泽之地。"使节大喜,按常惠之言责问单于。

单于环视左右侍从,他没有料到,汉天子竟然有如此神奇的能力,遂大吃一惊,然后向汉使道歉说:"苏武确实还活着。"并言及苏武此刻正在北海之地放牧。使者遂与匈奴单于派遣之人,一同前去迎接苏武。此刻,除了苏武之外,汉朝使者还迎回了另外一个人,他就是马宏。

马宏何许人也,他先前是汉朝派往西域各国的使者,与光禄大夫王忠一起出使西域,并担任副使,只是在半路上受到匈奴军队的拦截,王忠力战致死,马宏被俘,但他没有投降匈奴。在汉朝使者的要求下,匈奴将苏武、马宏放回,向汉朝表示他们的善意。消息传到李陵处,李陵高兴不已,遂决意为苏武摆酒庆贺。他对苏武说,你回到祖国,自当名垂青史,而我身败名裂,亲人也都被杀害,还能有什么指望呢?本来,我希望忍辱负重,有朝一日能够返回故乡,现在这一切都成了明日黄花了。"男儿有泪不轻弹,只是未到伤心时",此番李陵见苏武终于得以带着荣誉返回中原故土,自然高兴、难以自矜,然而转念想到自己有家难回、有志难伸,不免心中百感交集,泪流满面,背过脸去,挥手与苏武告别。

在汉朝使者的要求下,单于召集当年随苏武前来的汉朝官员及随从,除先前已归降匈奴和去世的以外,共有九人与苏武一起,携同汉朝使者的队伍,回到汉朝。苏武一行来到长安后,汉昭帝为了表彰苏武的节义,以最隆重的仪式祭拜汉武帝的陵庙。这在当时而言,是为人臣子莫大的荣誉。此外,汉昭帝还封苏武为典属国,品秩为中二千石,并赏赐苏武钱二百万、公田两顷、住宅一所。可谓恩宠并加,一时之间苏武心中百感交集。

苏武被扣留匈奴共十九年,去时正当壮年、一头乌发,归来时头发、胡须全都白如冬雪。妻子早已改嫁,家人也早已离散。十九年的孤独寂寞是常人无法忍受的,远离家国的苏武以坚强不屈的毅力承受着身体的摧残、精神的折磨。十九年的威逼利诱从未使他屈服,纵然妻离子散、白发如雪,也从不曾动摇过其忠于大汉的决心。所以他最终归来了,带着一身傲气和志气,这身志气虽已历经千年的风霜,仍令今人肃然起敬。

而此刻的李陵,尚自屈居在时势构筑的监牢之中。霍光、上官桀一向都和李陵关系很好,听说李陵的志向和心迹之后,特派李陵的旧友陇西人任立政等三人一同前往匈奴劝说李陵回国。同时还让他们带去苏武写给李陵的一封书信,李陵对前来迎接自己的人说道:"回去容易,但大丈夫不能两次受辱!"此刻的李陵已经是心灰意冷,匈奴已经衰弱,自己已经老朽,大汉朝再也不需要自己四处征战了,而汉朝的亲人们都已经死去多年,唯一的牵挂就是故土江山,可惜他已经投降了一次匈奴,不管是什么原因,忠臣不侍二主,他已经被迫受辱一次,若回去情何以堪。有此念的李陵没有回汉朝,终老死于匈奴。

二十七日皇帝刘贺

元平元年（公元前74年）四月，汉昭帝驾崩，享年二十一岁。昭帝突然发病死去，这使得主管帝陵营建的官员非常狼狈，因为皇帝的陵墓还没有认真营建，于是他们赶快租用了三万辆牛车，从渭河滩拉沙，构筑地下墓室。仓促归仓促，昭帝平陵的随葬品仍是十分丰富的。当时由霍光主持昭帝丧事，墓室中金银珠宝应有尽有。

国不可一日无君，霍光在处理好昭帝丧葬事宜之后，便开始着手选拔新君。昭帝并无子嗣，他死后，朝中许多大臣主张立他同父异母的哥哥广陵王刘胥为帝。但是霍光知道刘胥品行不端，所以当时汉武帝才未立他为帝。现在由自己辅政，反而选立一个失德的皇帝，怎么对得起死去的汉武帝呢？霍光只得再冒得罪许多大臣的风险，决定另选继承人。

他和皇太后商量，迎立汉武帝之孙昌邑王刘贺为帝。征和三年（公元前90年），李广利、刘屈氂等因为策划谋立昌邑哀王刘髆为太子，被汉武帝识破而灭族。后元元年（公元前88年）正月，刘髆驾薨，他五岁的儿子刘贺成为昌邑王。刘贺却是个不争气的人，刚即位就做了很多荒唐事。

霍光甚感为难，这个皇帝是在他的主持下册立的，如此贻误社稷，让霍光感到既对不起武帝的托孤之恩，亦对不起先帝的贤明名声。

朝中早年的辅政大臣，都已经在立燕王一事中伏诛，而现在的丞相又是一个明哲保身、难堪大任的人。因此，只有霍光的好友、当朝大司农田延年可以与之商量定议。田延年对霍光说道："大将军乃国之中流砥柱，既然已知昌邑王不适合做君主，不如禀报太后把他废掉，另选一个贤明之人当君主好了。你应该向商朝的伊尹学习，做一个安定汉室社稷的重臣。"此事，还有一段渊源：霍光要废肆意妄为、不能担当国家社稷的刘贺，又怕日后担"忤逆"的骂名，便想援引古例，看看历史上有没有这样的典故，于是向田延年问了一句"于古尝有此否"。没想到即此一问，也就开口见喉咙，叫人看出"光不涉学"了，"不学无术"一说就是这样来的。此后，历代政治家都试图避免让别人看到自己的深浅，而且高官和学者一般都能画上等号，当然，除了那些开国元勋外。

霍光见此，其实心中已经有了定议，只是担心仅仅凭借他两人之势，不免会落人口实，霍光对于政治从来都是谨小慎微，他怕田延年的意见不合礼法，最终还是选择和其他两个重要大臣商量。其实，在大家的心目中，对于刘贺的胡作非为都已经产生了不满，于是，众大臣一致决定要废掉这个无道昏君。霍光和群臣一起去见太后，陈述废掉昌邑王刘贺的理由，太后也同意了众臣的意见。于是只当了二十七天皇帝的昌邑王就被废黜了。

昌邑王既然被废黜，皇位又空了出来。忠心辅政的霍光日夜为此焦急不安。光禄大夫丙吉上书给霍光，推荐寄存在民间的汉武帝的曾孙刘病已。刘病已，后改名为刘询，字次卿。戾太子（刘据）孙，史皇孙刘进子。出生数月，即逢刘据巫蛊事件。刘询被祖母史家所收养，一直居住在民间。元平元年（公元前74年）昌邑王被废后，大臣中有人进言说，皇曾孙刘询有德有才，可接回宫中继承皇位。霍光亦对刘询做了一段时间的考察，发现此人心怀仁慈、志向远大，遂携同大臣将他从民间迎入宫中，先封为阳武侯，将此事禀报皇太后，接着就把刘询接回宫中，拥立为皇帝，他就是有名的贤君汉宣帝。汉宣帝于元平元年（公元前74年）七月即位，时年十八岁，第二年改年号为本始。

被废的刘贺，此后的生活可谓潦倒不堪，霍光新拥立的汉宣帝刘询，在即位之后，心里到底有些忌惮，他害怕刘贺会不甘心，进而产生反叛的心思。于是，刘询在即位的第二年就让山阳太守张敞专门监察刘贺，此刻刘贺已经被软禁。张敞发现，刘贺终日沉迷酒色，早已经变得毫无斗志。刘询知道刘贺从此难以成为自己的敌手，遂生出恻隐之心，没有伤害他的性命，而是打发刘贺回到山东昌邑国，过着被监视的日子。而刘贺带去长安的两百多个官员除了三个正直的人，其他的都被斩首。

元康二年（公元前64年），为防止刘贺死灰复燃，宣帝遂下诏给山阳太守张敞道："谨备盗贼，察往来宾客。毋下所赐书。"

第二年，刘贺被贬斥为海昏侯，封地就在江西省永修县一带。此时，他已经被解除了软禁，但皇帝和霍光却依然对其进行着秘密监督。一次，扬州刺史"柯"就上报朝廷一件事情：刘贺与一个叫孙万世的人交往。孙万世问刘贺："在被废除皇位前，君为什么不坚守内宫，关闭宫门，斩杀霍光，却听凭他们夺取皇位玺绶呢？"刘贺说："是啊，当时太年幼，真是大大的失策啊。"孙万世又希望刘贺做豫章王，绝不要一直做这么普通的海昏侯。刘贺说："道理是如此，但是这话不宜说啊。"刘询因此震怒，下令查办刘贺，其实刘询已经看出，刘贺只是说说而已，根本没有实力反对自己的统治，遂只削减了其封地的人口和赋税。四年之后，刘贺在愤慨中死去，终年三十四岁。

霍光拥立了宣帝刘询，更力保其帝位，为朝廷鞠躬尽瘁。宣帝即位后，为了表彰霍光的拥立之功，对其大为嘉奖。此后，霍光便忠心耿耿地辅佐年轻的宣帝，为其献计纳策，以求君主圣明。汉宣帝在他的辅佐下，继续遵照"与民休息"的方针来制定政策，处理国事，使西汉王朝再次兴盛，史称"昭宣中兴"。这段时期西汉王朝能够再次兴盛，与重臣霍光二十多年的忠君辅政不无关系。霍光对汉室忠心赤胆，且知人善任，做事果断，是个颇具智慧的谋略家。他上任后调整了武帝末年赋税无度的政策，与民休息，缓和了朝廷与百姓的矛盾，所以汉代的经济出现了又一个发展时期。

地节二年（公元前68年），霍光病逝。汉宣帝和皇太后为感念其为汉室立下的汗马功劳，以极其隆重的礼仪亲自为霍光主持丧礼。死后的霍光被埋葬在茂陵汉武帝陵墓的旁边，这正体现了汉室对这位忠心辅政安定社稷的重臣的尊崇。

霍光已经死去，但他身后却留下了一个足以颠覆朝野的家族。

第二章

宣帝小中兴

政治斗争下的牺牲者

刘询能够登基为帝得益于两个方面，一是皇帝刘贺的无法无道，使得官员外戚都生出了废黜他的决心；二是霍光等人有实力废旧立新。

这次皇位变动经过了以下几个步骤：

（1）大臣提出建议，建议通过诏旨形式被批准。

（2）根据规定的程序颁布命令昭示天下。

那些建议虽以全体高级官员的名义提出，但是并不能指望它们获得即将被废除的皇帝的批准。于是这些建议就被提交给了皇太后，皇太后是昭帝十五岁的遗孀，也就是霍光的外孙女。自然，她对霍光为首的官员的提议做出了批准，以皇太后的名义颁布批准让位建议之举是沿袭了吕后的做法，虽然这种做法多少有些争议，但是因为前朝有旧例可循，所以就被霍光等人毫不犹豫地采用了。与此同时，朝廷在言辞上对连续性的原则作了允诺，并且采取措施向开国皇帝的宗庙禀告了帝位继承变动的情况。

所以刘询得以继承帝位，不过是西汉"废旧立新"的一项尝试，甚至在霍光死后，霍氏家族还尝试着借此控制新的皇帝刘询，可惜事与愿违。既然霍氏家族与当朝皇帝的利益出现了冲突，宣帝刘询自然要对霍氏一门动手。

宣帝能够成为西汉中兴之君，自然有其非比寻常之处，他虽然身在民间，但对于皇朝内部的事情，却了若指掌，十八年来，他一直在史家的教育下，不断成长着，他要的只是一个机会。可是在他刚刚登基的时候，政府仍牢牢地控制在霍光手中，霍光的至亲和助手控制着禁军，儿子霍禹和侄孙霍山是朝廷的领袖。所以宣帝避其锋锐，对霍氏采取了怀柔拉拢的手段。

据传，当时刘询观察宫中局势，了解到自己很有可能会被推上皇帝宝座，然而他最担心的就是自己将来会成为一个傀儡，沦为霍家独掌大权的工具，因此，他才取许平君为妻，以防霍氏一门外戚权力的进一步扩大。许平君之父曾一度侍候武帝，后来又被委派到废帝刘贺的昌邑国任职。在昭帝死前不久，许平君为宣帝生一子，他就是后来的元帝。宣帝刚即位，围绕皇后大位的问题，就出现了许多争议，大多数人赞成将霍光的一个女儿挑选出来，承继皇后大位、母仪天下。但皇帝坚决不同意，一者是为了防止霍家权力的进一步扩大；二来，他和许平君是结发妻子，感情深厚，不忍叫她受委屈。因此，宣帝刘询坚持立许平君为后。宣帝把握时机，下了一道莫名其妙的诏书，声言自己在贫微之时曾经有一把旧剑，现在自己十分地念想它，众位爱卿能否为他将其找回来。"旧剑"就是暗指许平君。群臣揣摩上意，开始一个个请立许平君为皇后。许平君于元平元年（公元前74年）被册立为皇后，不久，皇后怀孕。这就是"故剑情深"的典故。从此，这一浪漫典故开始流传，成为中国历史上一道浪漫的诏书，是一个王子对贫女的许诺。

本始三年（公元前71年），许平君生下一女后，霍光的妻子霍显与御用女医淳于衍相勾结在滋补汤药中加入附子，让产后的许平君服用。许平君不久毒发，在痛苦中死去。汉宣帝非常悲痛，追封她为"恭哀皇后"，葬于杜陵南园（也称少陵）。一年后，霍光之女霍成君如愿以偿取代许平君成为皇后。

此后，宣帝便一直韬光养晦，暗中积蓄实力。霍光死后，丞相的权力和尊严正在迅速地恢复；继而任命丙吉为御史大夫，又委以他的岳父许广汉以重任，逐渐把权力收归己手。

首先，宣帝解除了霍光两女婿东宫、西宫卫尉的职务，剥夺了他们掌管的禁卫军权，这样，就将保卫自己的势力紧紧地攥在自己的手中。

其次，宣帝还将霍光的两个侄女婿调离了中郎将和骑都尉的职位，让自己的亲信担任南北军和羽林郎的统帅，继而把兵权掌握在自己手中。如此一来，霍家要是有什么动作，宣帝也可以用武力镇压。

再次，宣帝还提拔霍光的儿子霍禹为大司马，明升暗降，实际上剥夺了他的实权，其右将军屯兵的权力从此付诸流水。

最后，宣帝为了将霍山、霍云领尚书事的职务架空，还大力改革上书制度，下令吏民上书，直接呈皇帝审阅，不必经过尚书。

霍家的酒囊饭袋开始时并没有察觉，还以为这是宣帝对霍家的恩宠。等到霍家掌握的权力被宣帝剥夺殆尽，特别是军权逐渐集中在汉宣帝的手中时，霍家人才终于明白，这个皇帝绝不是个头脑简单的人，而一想到宣帝对许平君的深情，霍家还将其谋害，几个知情人就感到不寒而栗，惶恐不安之下，霍家最终决定铤而走险，举行叛乱，推翻汉宣帝，保住他们的既得利益。他们设计了两次阴谋，一次是谋害丞相，另一次是废黜皇帝而以霍禹代之。这两次企图都得到了以皇太后名义颁布的诏书的支持。太后为霍光的外孙女，她的诏书曾被非常有效地利用过，但这一次霍家却不走运。阴谋的消息泄露到宣帝的耳中，不仅政变没有达到既定目标，霍氏一门还遭受了灭门之祸。参加叛乱的人都被处以极刑，其中霍光子霍禹、霍云，侄子霍山，都被杀或者自杀。而阴谋毒害太子的霍成君也被宣帝废掉，令其迁往上林苑的昭台宫。十二年后的五凤四年（公元前54年）再度令其迁往云林馆，霍成君自杀，葬于蓝田县昆吾亭东。

废后诏书原文：

"皇后荧惑失道，怀不德，挟毒与母博陆宣城侯显谋，欲危太子，无人母之恩，不宜奉宗庙衣服，不可以承天命。呜呼伤哉，其退避宫，上玺绶有司。"

霍宣成

金聖歎

汉宣帝的雄才文治

在太子大位确立的同年，即公元前67年，一位小人物路温舒走进了大汉的历史。

路温舒，巨鹿（今河北平乡）人，此前一直默默无闻，因为他只不过是廷尉一名低级的廷尉史，位卑言微，只是默默地尽着自己的本分。但也正因为身在廷尉任职，所以路温舒比普通人更为深刻地了解酷刑的可怕。他认为刘询是个仁君，遂大胆地上了一份奏章，暴露司法的黑暗，要求废除酷刑。路温舒指出，造成冤狱的原因在于刑讯逼供，屈打成招。当酷刑将人的尊严都碾碎踩烂之时，认罪是唯一的解脱，尽管他可能是清白的，什么也没做过。

刘询见到路温舒的这一纸奏章，深感有理，遂下了一道诏书，命全国法官办理案件时要宽大公平。路温舒的这份奏章很温和、很微弱，虽然没有收到任何效果，但却在很大程度上，反映了刘询为帝者的胸襟气度。

自霍氏一门被诛除以后，刘询放开手脚，大刀阔斧地对国家各项政策进行改革。因为刘询早年一直生活在民间，也时常受到吏治腐化所致的官员的欺压，因而及至登基，改革吏治便成为他心中最为迫切的愿望。

对于吏治改革的必要性，宣帝说道："吏不廉平则治道衰。"所以，他即位后，宣布亲自过问政事，省去尚书这一中间环节，恢复了汉初丞相既有职位又有实权的体制。除此以外，宣帝还特别重视地方长吏的选拔和考核，并下大力气整饬吏治。为此，刘询建立了一套对官吏的考核与奖惩制度。他多次下诏对二千石（郡守级官吏）实行五日一听事制度；不定期派使者巡行郡国，对二千石官员的工作进行考察；根据考察结果，对其进行奖赏或者处罚。他颁布诏令说："有功不赏，有罪不课，虽唐虞犹不能化天下。"因此，在宣帝当政的二十余年间，一大批因政绩突出的官员受到了奖励，或以玺书勉励，增秩赐金，或爵关内侯，升任九卿或三公。而对那些不称职或有罪的官吏，则严惩不贷。随着这些措施的推行，一大批符合汉宣帝价值观的"良吏"便逐渐造就而成，服务于大汉朝的各个职能部门当中。

经过宣帝时期的改革，吏治呈现出一个特别重要的特点，即官吏"久任"制发展到较为完备的时期。

一方面，官员"久任"的实施范围已经从原本的朝廷大臣扩大到地方高级官员。以前只有侍中、尚书等参掌朝政的亲信近臣得蒙荣宠，到现在，连郡太守一级的高级地方官也多有"久任"者。汉代的郡国介于中央与县之间，在中央与地方的关系中，郡国郡守起承上启下、上传下达的重要作用。郡国守相的好坏，关系到一方安宁与否的同时，也关系到国家的治乱兴衰。刘询深刻地认识到这一点，因而他在选任郡国守相时，对于标准的制定和施行十分慎重和严格，其间规定：郡国守相首先必须由朝中大臣举荐，其次则需要皇帝亲自召见考核，考察其治国安邦之术。

另一方面，不轻易提升调动上述重要官员，不管他们有多大的功劳。国家只会另外寻求对策，给良吏以物质、精神两方面的奖励和褒奖。《汉书·宣帝纪》记载说道："至于子孙，终不改易。""枢机周密，品式备具，上下相安，莫有苟且之意也"，这是当时宣帝对于亲信近臣升迁贬谪的做法以及所取得的成就。

对此，上至朝中一品大员、小到地方郡守县令，在政令施行之初，都不太理解皇帝的心思，宣帝于是坦言道："郡守是'吏民之本'，如果时常调动变易就不会被其属下尊重，上下难以相安；如果实行'久任'制，百姓知其将长时期在职，就不敢欺罔上司，自然就会'服从其教化'"。为了表示对治理地方确有优异政绩的郡太守的奖励，宣帝会向其颁布玺书嘉奖勉励；在原有的薪俸基础上增加俸禄；赏赐金钱若干；甚至拜爵至关内侯，使之得以享受政治名誉与经济利益。

胶东相王成就在"考绩"中被认为安抚了大量流民，"治有异等"，因此得到了明诏褒奖，被宣帝提升其俸禄为"中二千石"，赐爵关内侯。而此前被贬的一代名臣黄霸，在出任颍川太守的八年里，励精图治，使得郡中大治。考核结果出来，宣帝遂下诏称扬，并给予"赐爵关内侯，黄金百斤，秩中二千石"的额外奖赏。他们尽管职务没有升迁，但是因为政绩得到肯定，自然会更加励精图治，以报浩荡皇恩。与此同时，皇帝此举，还可以让他们成为为官者效仿的榜样，可以刺激了政风吏治的改善，其意义之长远远远高于一般人所能预见。这些循吏或良吏执法公平，恩威并施，"所居民富，所去被恩"，故而得到当世之人的一致好评。"是故汉世良吏，于是为盛，称中兴焉"。人们将对各处廉洁又能干的官吏的好印象，都转化成为对宣帝的崇敬和支持，一时之间，刘询的伟大形象，直追汉武帝。

从汉宣帝对吏治的改革良臣的奖赏可看出其的确是个勤政爱民，拥有着雄才大略的好皇帝。但是，仁政之君也有铁血的一面。

及至霍家被诛、宣帝当政，刘询便开始在刑罚上进行改革，强调严刑峻法，着手惩治不法官吏和豪强。一些地位很高的、腐朽贪污的官员都相继被诛杀。大司农田延年在尊立汉宣帝时，作用非凡，就连他也因为贪污而被告发。刘询震怒，田延年有功，并且一直被刘询引为重臣。这次他犯罪，正值宣帝改革刑罚之际，万万不能够因他一人而耽误了国家大事，虽然朝中大臣多为他说情，认为"春秋之义，以功覆过"，但刘询最终没有同意，派使者"召田延年诣廷尉"受审，拟施重罚于田延年，田延年无奈之下畏罪自杀。

刘询不仅以执法严明著称，还以为政宽简闻名。他认为，对待官员的贪赃枉法行为，必须要施以严惩，然而对于平民百姓的治理，则需要一些善于明断同时又有宽大胸怀的官员，他们在定罪量刑之时，往往可以在怀着同情心的情况下，让百姓切实地得到利益。因此，宣帝在任用地方官吏时，除启用了一些精明能干的能吏去严厉镇压不法豪强外，大多数则是任用一批循吏去治理地方，从而改变了吏治苛严和破坏的现象，社会矛盾也得到了极大的缓和，政治局面亦得以稳定。

其实刘询在入宫之前曾因为一次诬陷而被告盗窃送入大牢之中，幸好他妻子许平君的父亲是当地的官员，在他的斡旋下，刘询才得以逃脱责罚。但是，前人之事、后人之师，刘询对于朝廷官吏不分青红皂白、经常判出冤假错案的做法，深恶痛绝。在他掌握国家大权之后，提出要坚决废除苛法，平理冤狱。刘询亲政后不久，还亲自参加了一些案件的审理。地节三年（公元前67年），刘询在朝廷增加了四名专掌刑狱的评审和复核的廷尉平一官，并设置了治御史以审核廷尉量刑轻重。次年，刘询接着又下诏，废除了首匿连坐法，并下令赦免因上书触犯他名讳的人。五凤四年（公元前54年），他派二十四人到全国各地巡查，平理冤狱，检举滥用刑罚的官员。除此以外，刘询还先后十次下令，大赦天下。一时之间，天下人人对刘询的所作所为感恩戴德。

昭帝也曾采取"与民休息"的政策，收到了显著的效果，只是，对于盐、铁，依然没有进行彻底的改革。宣帝亲政后，加大了改革力度。他在地节四年（公元前66年）九月下诏道："吏或营私烦扰，不顾厥咎，朕甚闵（悯）之。盐，民之食，而贾咸贵，众庶重困，其减天下盐贾。"由此可见，工商官营政策在昭帝时期仍然存在部分施行，经过宣帝的大力整顿，这些政策的一些弊端，如官吏徇私枉法和贪污腐败等问题，在一定时期内得到了有效抑制，这有利于百姓的"休养生息"以及国力的逐渐恢复和强大。

一时之间，"昭宣中兴"被人们口耳相传，遂载入史册，被史家认为是自汉朝立国以来，最繁荣兴盛的时代。

第二战场破匈奴

西域,历来是汉族与匈奴的第二战场。早在汉朝张骞出使西域之前,匈奴就已经在西域建立势力,并设有西域总督(撞仆都尉),驻扎在焉耆一带,管辖西域诸国。汉武帝时期推行了一系列扩张政策使得大汉王朝声威远震,特别是张骞通西域后,汉使开始在西域各国间往来不绝,并屯田渠犁。汉匈关系愈发复杂,二者在西域展开了拉锯战,你来我往,此消彼长。

汉匈的强弱关系也很明显地体现在西域各国对待使者的态度上,匈奴强盛时,所有匈奴使节到西域,一切费用,都由所在王国供应。汉朝处于弱势时,其使节在西域的一饮一食,却要用钱购买,这让汉朝情何以堪?再加上各国在匈奴的压力下,往往截杀汉朝使节,遂使汉朝终于发动一连串报复性的战争。

傅介子是北地(今甘肃庆阳西北)人。昭帝登基、霍光辅政之时,面对西域龟兹、楼兰均联合匈奴杀汉使官、掠劫财物的现状,傅介子遂要求出使大宛,汉昭帝和霍光准许了他的请求,并让他路过楼兰和龟兹时,责备两国国王背叛汉朝,杀害汉朝官员和使者的行为。到达西域之后,傅介子以汉帝诏令责问楼兰、龟兹,并杀死匈奴使者,返朝后被任为平乐监。元凤四年(公元前77年)又奉命以赏赐为名,携带黄金锦绣至楼兰,于宴席中斩杀楼兰王,另立在汉楼兰质子为王。遂以功封义阳侯。最后，汉朝还向其送去一位宫女做新王的王后。傅介子以百人入虏廷，取番王首级如拾芥，其过人的胆略和高超的智谋为世人所推崇，至上世纪五十年代仍然在其故乡有"傅家巷"流传，可惜后来被拆毁。

本始三年（公元前71年），汉朝与乌孙王国（吉尔吉斯伊什提克城）最终达成一致，决意联合出兵，夹攻匈奴，企图使匈奴在两面作战的苦境中崩溃。其中，汉朝派遣了田广明等五位大将，发铁骑十六余万兵马，分别自云中（今内蒙古托克托）、西河（今内蒙古准格尔旗西南）、张掖（今甘肃张掖）、五原（今内蒙古包头）、酒泉（今甘肃酒泉）五路出兵。乌孙王国方面，则派遣校尉常惠前往，节制乌孙骑兵五万余，与汉军东西并进，形成一个巨大的钳形攻势，夹击匈奴。

匈奴得到消息，立刻做大规模紧急撤退，以致汉朝声势浩大的五路大军，深入沙漠一千余公里，仍捕捉不到敌人主力。惊惶西逃的匈奴主力，竟然恰遇乌孙兵，一场激战后大败而归，乌孙俘虏匈奴亲王以下四万余人，常惠也因此被封为长罗侯。第二年冬，匈奴不甘心自己竟然败在曾被自己奴役的小国手中，遂率领大军袭击乌孙，然而天不佑匈奴，待得大军行至半途，却遇大雪，生还者不及十分之一。乌孙、乌桓与丁令等闻讯，急忙调集大军乘势攻击，匈奴"国人亡十分之三，畜亡十分之五，国力大为削弱也"。自此不久，汉军三千骑北击匈奴，都能捕得几千匈奴人而还，匈奴亦不敢报复，遂产生了与汉朝和亲的意图。这次胜利不仅是武帝以来坚决执行联乌击匈政策结出的硕果，更是张骞断匈奴右臂的西进政策在半世纪之后显出的功效。从这一点而言，张骞敏锐的眼光能远瞻到六十年之后，这样的智谋表明他不仅是伟大的探险家，更是伟大的政治家。自此，匈奴更加衰弱，此消彼长之下，汉朝更加强盛，也就直接决定了西域诸方的局势，大部分国家从此就归附于大汉朝麾下。

位于天山以北的面积广袤的车师王国（新疆吉木萨尔），是汉朝前往乌孙王国的要道之一。车师国王乌贵娶了匈奴的公主，所以跟匈奴结盟，继续遮杀汉朝使节。宣帝地节三年（公元前67年），汉朝在渠犁王国的屯垦长官郑吉在汉宣帝的授意下，率领屯垦兵团一千五百人，同时调发各国军队，集结一万余人，攻击车师，不久便将其军队打得溃不成军。匈奴派兵来助阵，郑吉领兵迎击，两军遭遇，匈奴竟害怕退去。乌贵自知不能抵抗，但投降又恐惧匈奴报复。两难之下，乌贵索性放弃王位，向西投奔乌孙王国。汉朝就把车师国民东迁到交河城（新疆吐鲁番），而在车师故地屯垦，并派遣三百汉兵屯驻车师。宣帝元康元年（公元前65年），南道的莎车王弟呼屠徵，杀了亲汉国王万年。

万年何以会被其王弟呼屠徵杀害呢？这涉及西域各国与汉朝和亲公主的地位。无可厚非，当时的冲国和亲公主，虽然可能是汉朝皇宫一位名不见经传的宫女，但是到了西域，却成了西汉帝国的象征，可想而知其地位的高贵和显赫。

刘细君作为西汉第一位进驻西域的公主，嫁给了乌孙王岑娶。及至刘细君逝世，汉朝再将另一位公主刘解忧嫁给继任的乌孙王翁归靡，生了三个儿子和两个女儿。一个女儿嫁给龟兹王绛宾，绛宾亦深以当大汉的外孙女婿为荣。汉朝公主还有一位侍婢冯氏，嫁给乌孙王国大将，她是历史上被誉为最美丽而且最成功的女政治家之一，经常代表公主和汉朝政府，出使西域各国，调解纠纷，各国对她有崇高的尊敬。

公元前65年，龟兹王绛宾夫妇为了加强汉朝和龟兹的关系，一同到长安晋见大汉宣帝刘询，刘询为其忠诚，感动万分，赐予了他们大量的钱财。等到绛宾夫妇返回西域，隆重的队伍让各国都羡慕不已，连远在西域西陲的莎车王国（新疆莎车）也心向往之。因此，在此之后莎车国就百般与汉朝使者交好，希望得到汉朝的大力支持，莎车国国王死后，没有子女，为倚仗大汉国威，就迎立刘解忧最小的儿子万年当国王。想不到万年是一个不成才的流氓，使国人大失所望。故王的弟弟呼屠徵就把万年杀掉，自己继位。

与此同时，呼屠徵还杀掉了汉使奚充国，还煽动南道诸国叛离大汉，南道因此阻断不通。大汉震动，因为呼屠徵不仅杀死了汉朝在西域的象征，更是直接侵害了大汉在西域的战略利益。于是，汉宣帝决意让汉朝在西域的使者，严厉地打击呼屠徵。

当此之时，大将郑吉还在北道屯垦区，恰奉宣帝派遣的冯奉世正在出使大宛途中。冯奉世果断行动，在郑吉的支持下，以大汉使者的名义，征发西域诸国兵一万五千余人，进攻莎车，不久便打下了都城，平定了南道，并把惊惧自杀的呼屠徵的首级一路传送到长安。冯奉世顺势进驻大宛国，国王畏惧大汉天威，对他尤其礼敬，冯奉世更因此还得到该国名马"象龙"，并带回了长安，汉宣帝大悦。

郑吉在北方的屯垦区大大地威胁了匈奴的利益，因为此前匈奴和汉朝都是以天山南北为界限，分开治理的。此次汉军深入到匈奴势力范围内，匈奴便不断派兵骚扰。三年后，汉朝认为在天山以北不可能保持据点，便撤销屯垦区，退回天山以南，与渠犁王国的屯垦区合并。

宣帝神爵二年（公元前60年），匈奴日逐王先贤掸，仰慕汉朝天威，遂带着数万人投降大汉，宣帝特派郑吉，发渠犁、龟兹诸国兵五万，前往迎降，一直护送至京师长安，路上有逃亡者，即斩杀。郑吉破车师，降日逐王，声威大震西域，宣帝乃拜之为西域都护，封安远侯，兼护车师以西北道诸国。郑吉遂任职在西域中心，大汉政府任命郑吉担任首位西域都护，都护府设在乌垒王国（今新疆轮台东北），并修筑乌垒城，距阳关两千七百余里，统领天山南北，大汉号令得以正式颁行于辽阔广大的西域地区。

西域都护的设置，是中国历史上一个划时代的大事件。从此之后，汉匈相斗七十余年，东自车师、鄯善，西抵乌孙、大宛，西域诸国尽归大汉之列，匈奴在与汉的交锋中，则处于弱势。有人评论道："张骞之始，郑吉之终，汉武之愿，汉宣实现。"

大汉在西域的势力，不断增强，连一向强势的匈奴也不得不甘拜下风，不敢再与汉争锋西域，以前设置的僮仆都尉，也在形同虚设之后被废除了，从此以后，天山南北广袤之土，雄阔之地，终属大汉之域。

趁你病要你命

经过不断的和亲、战争等出色的外交政策，汉朝在天山南麓的统治逐渐巩固，匈奴对于汉朝的压力也有所降低，使得汉朝得以将触角一度伸到了天山以北的匈奴控制地区。

匈奴在经历了西域的沉重失败之后，其颓败的趋势变得一发不可收拾。匈奴为了巩固自己在西域的势力，与汉朝军队在天山南北展开了生死角逐，然而，匈奴没有料到，自己没有被强大的汉军击败，却在曾经的弹丸小国、自己的附庸乌孙王国的迎头痛击下，兵败如山倒。匈奴本希望东西两面同时进军，可以花开双朵，皆大欢喜；及至西域的失败，他们不得不将目光重新锁定在东方。因为此时的西域，已经逐渐被汉朝铸炼得如铁桶一般，匈奴唯一可以做的，就是在天山北麓地区不断袭扰，同时构筑一定的防线，防止汉军的乘胜追击。

宣帝神爵四年（公元前58年），单于对东方的控制力逐渐削弱到一个层次，于是，东方将领们便拥立一位亲王即位，号称呼韩邪单于。单于自然不甘心草原上出现另外一个单于与他平分草原。所谓天无二日、国无二君，呼韩邪单于一旦册立，就代表着匈奴此后必将产生战争，而且必须要一决胜负。

出兵讨伐，但是其大军被杀得片甲不留，连单于自己也战败被杀。这是由于他人心尽失，并且呼韩邪单于得到了许多将领的支持，实力更加雄厚。和中原政权一样，匈奴也相信名正言顺。呼韩邪单于杀了老单于后便后悔不已，其实，他大可以将单于握在手中，也免得正统一失去，草原大陆便陷入群雄逐鹿的纷乱之中。

见单于被杀，西方将领们为了夺取草原的霸主地位，也拥立另一位亲王即位，号称屠耆单于。两个单于，互相攻击。次年，草原上又崛起了三个单于，于是五单于并立，全国大乱。呼韩邪单于此举，没有考虑到自己的声望难以一统草原，不仅使自己陷入了有王霸之志的群雄的愤恨之中，亦使得此后的匈奴陷入了长期的衰弱。

经过一番为敌报仇式的自相残杀，呼韩邪单于技高一筹，实力强劲的他成为五大单于之中最后的赢家。然而他并非整个草原帝国的最后霸主，因为就在他接连大败其余四大单于之时，他的一位族兄已经在东方自立，号称郅支单于。

宣帝五凤四年（公元前54年），郅支单于打着除国贼的旗号，向西进攻呼韩邪单于，大军不久便进入王庭（当时匈奴的王庭设在今蒙古哈尔和林），呼韩邪单于不敌，大军节节向南败退。从这一年起，匈奴分裂为南北两部分，即南匈奴和北匈奴，匈奴的分裂对于当时正处于鼎盛时期的汉朝而言，无疑是锦上添花的好事情，百余年的纷争，从当初汉高祖"白马之围"的耻辱，到如今坐收渔利的惬意，实在是天翻地覆的改变。

西域列国此时也唯西汉马首是瞻，南北匈奴任何一方想要获取胜利，其关键就是得到汉朝的支持，为了争取外援，南北匈奴争着向汉朝奉承乞怜和争着派遣太子到中国充当人质，汉朝也采取了来而不拒的策略，两不相帮。按照汉宣帝的设想，匈奴一直分裂下去，才是对汉朝最为有利的事情，因此，它只可能帮助弱者去对抗强者。不久，南北匈奴便高下立判，呼韩邪单于无法抵抗郅支单于的攻势，向南方汉朝祈求援助，但是此刻的汉朝内部，还不能够下定决心去帮助他，因为那样一来，不仅会彻底得罪北匈奴，还有可能"养虎为患"，让呼韩邪单于强盛起来。

人在屋檐下，不得不低头。为了表示忠诚汉室的决心诚意，呼韩邪单于于宣帝甘露三年（公元前51年），派遣使者前去大汉乞降，希望自己可以率领部众，南迁汉朝地区，宣帝等闻讯，当即大喜，即使得罪北匈奴，也在所不惜，因为这不仅可以彰显当朝的功绩，还可以将匈奴置于自己的控制之下，何乐而不为？于是，宣帝允许了呼韩邪单于的请求。同年，呼韩邪单于率领南匈奴汗国全部百姓和牲畜，向汉朝投降。为了表示中原王朝的热情，呼韩邪单于到长安朝觐时，汉宣帝在皇宫中大摆酒筵欢迎他。

宴会过后，宣帝和呼韩邪单于商议南匈奴的属地，这呼韩邪单于不愧是一方枭雄，他看准了宣帝势必要帮助自己的决心，遂"狮子大开口"，要求迁居河套。以前，河套就是匈奴最为富庶的地区，宣帝眼见呼韩邪单于的势力已经很弱，遂同意了他的这一请求，并派大将韩昌率领骑兵一万六千人，沿着黄河驻防保护。如此一来，宣帝无疑放虎归山，当然，凭借当时汉朝的实力，宣帝实在是找不到任何理由，去畏惧天下任何一股势力。

这次朝觐的威慑性效果是显而易见的，特别是对西域各国而言，无疑是一个晴天霹雳般的震撼，他们认为绝不可抗拒的庞大的匈奴，竟被汉朝征服，并寻求它的保护，试问天下诸国，谁还可以与汉朝相抗衡？于是，西域列国对汉朝更加敬服。为了表示对汉朝援手的感激之情，呼韩邪单于自此不断向西汉皇帝朝觐。据史载，呼韩邪单于的最后一次朝觐是在元帝竟宁元年（公元前33年）。当时大汉江山已经易主，刘询已经驾崩，由其与许平君所生的儿子刘奭执掌政权。自刘询时代至此，呼韩邪单于在汉朝的全力援助下，力量渐大，不断向北匈奴反攻，为了继续赢得汉朝的支持，他便向皇帝请求与皇帝的公主和亲。刘奭一时之间，找不到合适的人选，便把一位宫女王昭君赐封为公主，并赏赐给他。当时刘奭并不认识王昭君，等到辞行时才发现她竟是一位绝色美人，使他那数万名后宫宫女们都黯然失色，他大大地跳了起来，下令把宫廷画家毛延寿杀掉，因为毛延寿没有把她的美貌画出来。这就是后来家喻户晓的"昭君出塞"的典故。

呼韩邪单于依靠汉朝的支持，不断向郅支单于进攻，最终使得其国不国矣。无奈之下，郅支单于率部向西迁徙，不久便侵入西域北境，灭掉坚昆王国（西伯利亚叶尼塞河上游）和丁零部落（贝加尔湖畔）。待郅支单于有了立足之地以后，便向汉朝要求送还充当人质的太子，汉朝对于呼韩邪单于的强大，早就生出了防范警惕之心，对于北匈奴的要求，自然慷慨答应，并派使节谷吉一直把太子护送到他的临时首都坚昆王城。可是，汉朝统治者们万万想不到，郅支单于不但毫无感谢之情，反而记起汉朝援助他的对手呼韩邪单于的怨恨，竟把汉朝的使者谷吉杀掉。这无疑是在挑战汉朝的权威。汉朝遂决意派遣西域的兵马，襄助呼韩邪单于打击北匈奴。待郅支单于杀了谷吉之后，才后悔不已，眼看大汉大兵压境，他知道凭借自己的兵力，实在难以与之匹敌，遂放弃坚昆，继续向西迁移。

天无绝人之路，就在北匈奴被南匈奴和汉朝大军追到穷途末路之时，郅支单于看到了希望。因为就在他们抵达康居王国境内后，其国王便送来一封邀请函。原来，此前康居王国在西域部分地区的势力争夺中，屡屡被乌孙王国击败，正好听闻北匈奴有如丧家之犬般来到了自己的城下，料想此番只要将他收容，一来可以凭借其强大的兵力抵抗乌孙，二来还可以让他们感恩戴德，避免与之交战。当然，对于汉朝和南匈奴，他们也有所考虑，最后认为，汉朝是不可能因为这样一股小的势力，而甘心得罪一个国家的。果然，汉军没有追击到底，就连南匈奴也不再进击，因为此时的南匈奴，已经成为草原上唯一的政权。不久呼韩邪单于即向汉朝请求离开河套，回到北方故土，成为草原上唯一的强者，成为此后汉朝的最大隐患，这一点，就连汉宣帝也是始料未及的，可惜此时的汉朝，已经日渐衰败，自顾不暇了。

北匈奴在得到康居王国的邀请后，遂进驻康居都城，与之结成联盟。康居王为了巩固这个联盟，还把女儿嫁给了郅支单于，郅支单于也把女儿嫁给了康居王，并与康居兵一起，攻击乌孙。面对强大的匈奴铁骑，乌孙王国自然难以抵御。一时之间，西界边陲，几乎全部残破。然而，好景不长，就在康居王以为，统一西域边陲，成为西域第一强国的时刻指日可待之时，郅支单于开始躁动不安了，并很快威胁到康居王国的安危。

其中最明显的，就是郅支单于竟然以康居王国的保护人自居，性情粗暴的他因为康居王国不肯臣服，而将康居王的女儿悍然杀掉，派驻兵力控制了康居的首都，继而将康居王国中的贵族当作奴隶一样驱使迫害。自此，郅支单于开始逐渐显露出他的野心。他在康居国内大肆兴筑城垒，并向西域各国发出通知，要他们进贡。引狼入室的康居王虽然万般悔恨，却一点也无济于事，无奈之下，只能悄悄地向西域汉朝使者祈求帮助。元帝建昭三年（公元前36年），距郅支单于杀汉朝使节谷吉已经八年之久，汉朝西域副校尉陈汤，上乘圣意、下顺民心，调发西域各国军队，连同屯垦兵团，共四万余人，分两路向郅支单于夹攻。北路穿过乌孙王国，南路则翻越葱岭（帕米尔高原），穿过大宛王国，最后在郅支城（哈萨克江布尔）下合围。郅支单于的兵力不敌，郅支城很快就陷落，联军斩下郅支单于的头，星夜兼程地将其首级送到长安皇帝朝堂之上，同时还附信一封，其间言道："犯强汉者，虽远必诛！"

　　经过汉朝历代的努力，特别是汉武帝国策、军事战略的制定以及刘询的延续和彻底的实施，匈奴遭到了毁灭性的打击，最终顺理成章地使得郅支单于身死，北匈奴亦彻底灭亡。

# 第三章

主昏臣弱的朝廷

念亡妻刘询传位刘奭

宣帝甘露二年（公元前52年），御史大夫杜延年年老体衰，被免职，刘询立即提拔于定国继任。作为"中兴之君"，刘询很英明，没埋没人才，例如没胡乱地将张敞给杀了。在中央集权主义时代，千里马重要，伯乐更重要。

扶大厦于将倾，刘询扭转皇权即将崩溃的趋势，使大汉走向正轨，可以说是一代明君。但在生命行将结束时，有一件事始终让这位圣明之君放不下，他放不下的乃是儿子刘奭。刘询英明神武，儿子刘奭却孱弱好儒，只懂虚文腐礼。刘奭个性柔弱，这不能全怪他本人，应该从他的生活环境和教育背景中找寻原因。

刘奭八岁就被立为太子，生活优越，是一朵长在大树下的小花，与刘询这根早年流浪在民间的劲草不同。环境能塑造人，刘询早年生活艰苦，因而他坚忍果决，能够经受大风大浪；刘奭是一个不懂生活艰辛的孩子，从未受过生活的磨难，也未经历过人生的风雨，更不会懂得人心的奸诈。

大汉君王治国，讲求"外儒内法"，表面上玩儒家功夫，以仁礼治国；内里施展法家手段，以严刑酷法为后盾。刘彻是这样的君王，刘询也是。刘询为巩固皇权接连处死赵广汉、韩延寿和杨恽等朝廷要臣，其子刘奭却不能承受。刘奭上书刘询，说刑罚太过苛刻，应该用儒术治国。刘奭这句话，体现了他懦弱的性格特征和好儒的思想趋向。刘询告诉他，治国方略讲求"外儒内法"，否则大权必然旁落。刘奭没经受过与外戚、士大夫和宦官的争夺战，不能理解刘询言语的深意。

经此一事，刘询知道了刘奭个性中的弱点，知其难以撑持大汉基业。刘询曾对人言：败坏我大汉基业的，就是当今太子。刘奭懦弱，刘询也曾想过另立太子。他心中的人选是淮阳王刘钦。可是，刘询始终不能忘却对许平君的感情，内心经过一番事业和感情矛盾的争斗后，他选择感情。

许皇后与刘询早年共苦，却不能晚年同甘，刘询很遗憾。许皇后香消玉殒后，留下孤苦无依的刘奭。如果刘询再抛弃他，刘奭就成了当年的刘询，甚至比当年的他更惨，因为刘奭并没有独立生活的能力。一想到许皇后，刘询就心痛；再想到刘奭是许皇后留下的骨血，刘询的心就软了。

弥留之际，刘询招来三位要臣，准备托孤。

刘询将刘奭托付给史高、萧望之和周堪。史高担任侍中一职，他是刘询的表叔，代表外戚势力。史高本人无能，但他背后的靠山很强悍，别人不能轻易撼动。萧望之和周堪是刘奭的老师，他俩权力不大，但学术功底深厚，谋划有方。

为了进一步平衡这三者的力量，使他们势均力敌，互相制衡，也为了奖赏他们，刘询重新分封一次。刘询封萧望之为前将军，兼任光禄勋；封周堪为光禄大夫；封史高为大司马，兼任车骑将军。萧望之和周堪代表潜在的士大夫势力，如果他二人能够好好利用智谋，可以阻止外戚专权；史高代表根深蒂固的外戚势力，靠着这棵千年古树，史高能够防止士大夫弄权。

宣帝遗诏，命萧望之、周堪和史高共同辅佐刘奭。

于定国一向不喜欢惹事。所以刘询任他为相，却没有叫他辅政。

于定国断案,能够达到"民自以为不冤"的效果,因为他喜欢充当和事佬,不惩处甲方,也不优待乙方。于定国这种性格,适合做事却不适合辅助君王。如果让于定国辅君,他只会暂时缓和争夺诸方的矛盾,而不是彻底解决。矛盾被缓和,但仍旧存在;如果于定国身死,矛盾大爆发,刘奭将无法控制。以刘奭的能力,不可能在夺权大战中胜出,刘询需要顾命大臣彻底消灭矛盾,而不是缓和矛盾。

主昏弱臣下党争不断

同时封了三位顾命大臣，宣帝的目的是希望实现三角稳定，互相制衡。然而，萧望之和周堪的相似性很强，他们俩都代表士大夫，只能算是同一股势力。萧望之是东海兰陵（今山东苍山兰陵镇）人，周堪是齐郡（今山东淄博东北）人，他俩是老乡。他俩都曾拜夏侯胜为师，钻研《尚书》，师出同门。萧望之是太傅，对《齐诗》研究精深；周堪是少傅。这么多相似性叠加在一起，他俩就相当于站在同一条船上。更重要的是，他俩面对一个共同的敌人，即无能而居高位的外戚史高。

于是，三角计划蜕变为两极对抗，即萧望之联合周堪对抗史高。史高是外戚，势力根深蒂固，难以撼动。要与泰山比雄，就必须找寻另外一座大山，这座大山就是皇室子弟、学术大师刘向。

刘向，原名刘更生，汉元帝死后，改名为刘向。刘向颇有才气，编辑过《战国策》，撰写过《说苑》等好书，萧望之对其很欣赏。刘向祖上是随刘邦征战天下的刘交。刘向是刘交的第四代子孙，自然维护皇权，深得萧望之器重。萧望之、周堪和刘向志同道合，三人组成一个反外戚的士大夫联盟。

为了扶正刘奭，萧望之与周堪联名推荐刘向为散骑宗正给事中。任职后，刘向的任务就是陪在皇帝身边，监督皇帝过失，善言劝谏。

萧望之安排刘向在刘奭身边，就是给刘奭找寻一个引导人，以免他误入歧途。

但是刘奭没有毅力，心志不坚。

刘奭称帝后，朝臣上书，推荐张敞为刘奭的老师。张敞面目有些凶恶，众人觉得倘若他教导刘奭，也许能改变刘奭的懦弱个性。

刘奭丝毫没有断事能力，为自己任命一位太傅，也要咨询老师萧望之。萧望之自然不同意，说张敞言行轻佻，不适合当太傅。张敞为妻画眉，爱逛风流之地章台街，人人皆知。刘奭听萧望之如此说，默然同意。但张敞乃有才能之人且声名远播，不能永远屈居在地方。于是萧望之调张敞回朝，安排他任左冯翊，打击黑恶势力。然而，命令刚下，张敞就死了。

刘奭生性好动，没有定性，爱东逛西游，刘向不能时常陪伴。为了皇帝的安全，萧望之另外给刘奭安排了一名跟班，命他随时跟随刘奭。此人名叫金敞，担任侍中。萧望之不用张敞这等高手，而起用一个名不见经传的后生晚辈，除了顽固外，更是嫉妒心作祟。同朝为官，萧望之不能容人，必然自堵后路。

刘询刚死，萧望之就急忙安插人手在刘奭身边，组建士大夫联盟，意图很明显。史高虽无能却不是傻瓜，看出了其中的门道。刘奭在萧望之的掌控之中，无论大事小事，都咨询萧望之却不咨询史高，史高就有名无实了，他已被萧望之架空。掌控刘奭后，对萧望之而言，史高就没有太大威胁了。

自有大司马一职以来，都由外戚担任，外戚的势力很强。史高是刘询任命的大司马，虽然权力很大，但在萧望之的摆布下，已是有名无实，史高心中自是愤懑。萧望之架空外戚，手段之快犹如闪电，让史高措手不及。

兵来将挡。萧望之拉帮结派，抢占地盘，史高也要组建联盟，全力反攻。外戚跟皇族表面是亲家，实质是仇敌，自吕雉专政以来，无不如此，因此史高不能拉皇族。史高无德无能，没有才学，也无法拉拢士大夫。正当绝望之际，史高脑里灵光一闪，决定拉拢宦官。萧望之能架空史高，全因安插刘向和金敞在刘奭身边。如果史高能拉拢宦官，萧望之联盟就遇上对手了。

史高想报复萧望之，仆射石显帮了很大的忙。

原本，石显有一位上司，名叫弘恭。弘恭是中书令，负责管理宫廷事务，石显是事务执行官。石显是沛人，弘恭是济南人，他俩早年不守规矩，被罚宫刑。宫刑后，石显苦学法律，期盼在皇宫谋职，刘奭称帝不久，提升他为中书令。史高找石显商议组建外戚—宦官联盟的大计后，石显越发极力讨好刘奭。生性懦弱的刘奭更需要石显这种人的哄骗。刘奭没有处事能力，身体虚弱，意志力也很弱……每当奏章很多时，他就让石显代劳。一旦掌控批复奏章的大权，就掌控了处治天下的权力，石显自然很乐意。

石显乐意代劳，刘奭顿觉轻松，抛下国家，一心钻研音乐艺术。在第一局，通过刘向和金敞的手，萧望之掌控刘奭；在第二局，通过石显的手，史高掌控刘奭。两大联盟组建后，刘奭的皇权就是他们所欲争夺的东西，围绕刘奭，双方决定火拼。

贪权力郑朋见风使舵

刘奭批复的奏章，越来越不合萧望之的口味。凡是萧望之赞同的，石显就反对，史高坚决反对；凡是萧望之反对的，石显就赞同，史高无条件赞同。看着萧望之无能为力，石显笑了，史高笑得更开心。

史高无能，萧望之不惧；石显也无能，萧望之就很害怕，因为石显接近刘奭。石显是萧望之的心腹大患，不能不除。萧望之上书刘奭，说国家权力都集中在中央，中央很重要，处理中央事务的人应当由光明正大的人担任。很明显萧望之奏疏的矛头直指阉人石显。萧望之担心刘奭不明白其中之意，又说，依照儒家传统，宦官不能担任官职，请求刘奭将石显免职。

石显深得刘奭信任，能看到朝臣的奏章。萧望之呈上这样的一封奏章，就是下挑战书。刘奭无能，不敢废除宦官制度，因为这是祖上创制的。士大夫联盟希望废除，刘奭不敢废除，外戚与宦官联盟从自身的利益出发当然不希望废除，这三股势力纠缠在一起，难解难分。

萧望之下挑战书，石显利用手中职权，马上还击。石显提升刘向为宗正，使刘向不能再陪侍刘奭左右。刘向走了，萧望之就少了一只掌控皇帝的手，于是他和周堪联名上书，推荐儒士出任谏官。无论士大夫集团有多少谏官，都不是石显的对手，因为刘奭心智稚嫩且无多少智谋，不喜欢儒士干枯无味的大道理，只爱听石显的甜言蜜语。两大集团争斗到这个地步，石显已经变成外戚—宦官联盟的主力，在争夺战中占据优势地位。

正当士大夫集团节节败退之际，突然冒出一个恶胆小人。这人名叫郑朋，没有坚定的政治立场，完全是投机倒把分子。郑朋之所以支持萧望之，因为士大夫联盟被石显打得溃不成军。郑朋认为，只有力挽狂澜，才能凸显自己的才能。

郑朋写了一封揭发信，说大司马史高私下将门客安插到各封国和诸郡县，榨取非法利益，图谋不轨；外戚史氏家族和许氏家族互相勾结，害人无数，恶行累累，罪不容诛。郑朋这一举动令刘奭不能承受，不知如何处理。于是刘奭去找老师周堪，咨询此事。

正愁联盟无人，突然冒出一位郑朋，周堪甚是高兴，他派人通知郑朋，让他到金马门报到，等候召见。周堪耿直，坦然待人，没有心计。萧望之接见郑朋，郑朋一见萧望之，开门见山，张嘴就问，萧望之想当管仲还是周公。管仲和周公都是辅助君王的厉害人物，世人十分敬仰。郑朋说，如果萧望之想当管仲，就是他看错了人；如果萧望之想当周公，他愿意一马当先，开辟道路。郑朋语出惊人，萧望之大脑发热，当即拜服，两人谈得很投机。

郑朋走后，萧望之突然清醒，意识到郑朋一身恶胆，什么事都干得出来，这严重触犯士大夫的道德界限。作为士大夫的代表，萧望之行事十分规矩，绝不会越雷池一步。让萧望之跟郑朋合作，等于败坏他的道德观，他宁死不从。

之后，萧望之对郑朋闭门不纳，周堪紧随，与郑朋绝交。郑朋上书后，刘奭准备召见他与另外一人。周堪居中阻挠，使得郑朋没有机会见到刘奭。

在士大夫联盟碰壁后，郑朋退而求其次，投靠史高。正当用人之际，郑朋甘愿归附，史高很高兴，命郑朋拜见刘奭，将该说的话补充完整。郑朋拜见刘奭，说他上书奏章是受人指使所为，那人就是萧望之。

于是萧望之被捕入狱。

得知萧望之和刘向被廷尉抓捕后，刘奭十分生气，命石显立刻放人。石显费了九牛二虎之力，才将萧望之扔进大牢，绝不会纵虎归山。石显没办法，史高出马。史高对刘奭说，老师萧望之和皇室子弟刘向有罪，皇帝抓捕，百姓认为皇上铁面无私，无不敬服；如果突然释放萧望之和刘向，百姓就会认为皇帝偏袒，有损皇帝形象。刘奭刚登基，应该树立一个好形象，而不是给百姓留下一个坏形象。想不让萧望之和刘向在大牢里受苦，又要维护皇帝的形象，最好的方法是罢免萧望之和刘向。

刘奭向来不会思考朝廷之事，便听信史高之言，将罢免萧望之和刘向的事交给史高处理。不久，刘奭下了一道诏书，说萧望之教导皇帝八年，年老体衰，皇帝怜惜，恩准退休。萧望之被免职，周堪和刘向被贬为庶民。

保名节萧望之自杀

贬退萧望之后不久，刘奭又思念起他来，于是封他为关内侯，兼任给事中，准许萧望之每半个月拜见一次。给事中，就是御前监督官。刘奭让萧望之担任监督官，石显和史高心中惶恐。

紧接着，刘奭又想封周堪与刘向为谏大夫。如果让萧望之、周堪和刘向团聚，士大夫联盟又会死灰复燃，有燎原之势，石显和史高甚为惊恐。为了将士大夫联盟扼杀在摇篮里，石显和史高劝刘奭分封周堪和刘向。刘奭突然很坚定，经过一番讨价还价，刘向和周堪被封为中郎。

士大夫集团复活，石显和史高坐立不安。双方的关系正紧张之际，突然发生了一场地震。天灾是对抗的最好借口，围绕天灾，两大联盟再次短兵相接。刘奭收到一份奏章，说天灾不是针对以萧望之为首的三位孤寡老人，而是针对阉人石显的。奏章劝刘奭罢免石显，否则后果不堪设想。

石显看了奏章后，好言为自己开脱，请求刘奭抓捕上奏之人审问。上奏之人是刘向的亲戚，他心志不坚，和盘托出一切，说刘向指使他诬告。刘向是研究天象的大师，知道很多人会借天灾制造声势。与其让对手捡便宜，不如先下手为强，然而，刘向用人不当，偷鸡不成蚀把米。此次又是人证、物证俱全，刘奭只能再次贬刘向为庶人。

刘向被贬，士大夫联盟损失惨重，萧望之不知如何是好。正当萧望之孤独无助之时，他的儿子萧伋上书刘奭，请求翻案。几个月前，刘向和周堪被关进大牢，萧望之的案子只是被移交廷尉，本人没有被抓捕。萧伋认为，他父亲没犯罪，因为此事被免官不合道理，请求刘奭重新审理，追究相关责任人。萧伋请求重新审理是假，想借此整治石显才是真正的目的。

士大夫集团十分正直，石显利用这个弱点，故技重施，在萧伋的奏疏中找到几个小漏洞，说萧伋用语有失，大不敬。石显反击萧家一剑，上奏一封说，刘奭开恩，重新起用萧望之，萧家应该感激才对；萧伋公然大喊冤屈，要求翻案，简直是怙恶不悛，不懂得感激皇帝的厚恩。石显嫌文字表达不足以刺痛刘奭，又在刘奭的耳旁说，萧望之自负得紧，自恃是皇帝的老师，居功自傲，应该挫挫他的傲气，杀杀他的威风，否则将来不能管教。

刘奭在石显的言语说辞下，竟将关押萧望之的事交由石显处理。石显拿到逮捕萧望之的诏书，命人捧去给萧望之看。石显的意思很清楚，他要让萧望之知道，刘奭掌控在他手中，萧望之斗不过他。萧望之刚刚看完逮捕诏令，就听到长安的军队将他家团团围住，派势如抓捕十恶不赦的反贼。

一腔义愤、怒火攻心的萧望之问他的学生朱云该怎么办。朱云是一位豪气干云的儒生，说士可杀，不可辱。萧望之受过被贬之耻，受过被关押的折辱，又想到刘向两次被贬为庶人，士大夫集团无力与石显抗衡，突然心灰意冷，生出自杀的念头。

萧望之说，他是一位儒生，位列三公，是刘询钦点的顾命大臣，他已年过花甲，绝不再次遭受监牢的折辱，既然不能成功，就只能成仁。他命朱云赶紧磨药，朱云递给老师一杯鸩酒。萧望之仰头喝干，倒地而死。

刘奭知道萧望之性子刚烈，也曾想过萧望之会因被捕关押一事自杀。然而，听说萧望之真的自杀后，刘奭却不能理解。刘奭不能理解萧望之的自杀，就像他不能理解刘询的治国之术，这根源于他性格懦弱。

萧望之死了，士大夫集团彻底灭亡了，没人再敢挑战石显了。刘奭不理政事，全国政务都交由石显处理，石显可以悠悠然地掌权了。史高与石显乃同盟，只要石显不过分，他就不会为难石显。石显处理了士大夫集团，控制住优柔寡断的刘奭，联合外戚，真正掌控权力。刘奭生性懦弱，阉人石显就趁机崛起，这是历史的必然。

第四章

王氏家族和赵氏姐妹

苏武牧羊图　清　任颐

我本漢家子 將適單于庭 辭決未及終 前驅已抗旌 僕御涕流離 轅馬悲且鳴 哀鬱傷五內 涕淚霑珠纓 行行日已遠 遂造匈奴城 延我於穹廬 加我閼氏名 殊類非所安 雖貴非所榮 父子見陵辱 對之慙且驚 殺身良不易 默默以苟生 苟生亦何聊 積思常憤盈 願假飛鴻翼 棄之以遐征 飛鴻不我顧 佇立以屏營 昔為匣中玉 今為糞上英 朝華不足歡 甘與秋草并 傳語後世人 遠嫁難為情

新羅山人寫于綠石軒 李倫句

昭君出塞圖軸　清　華嵒

王政君的皇后之路

刘奭娶了一位女子为皇后。这位女子名叫政君，与王昭君同姓，但性格迥然相异。如果说王昭君是小家碧玉，那么王政君就是大家闺秀；如果王昭君是山涧兰花，王政君就是被尊养的牡丹。一句话，王昭君是弱女子的命，王政君是强女人的命。王政君家住长安城，她父亲名叫王禁，官居廷尉史。王政君的母亲怀王政君时，梦见月亮飞进肚里。太阳代表皇帝，月亮自然代表皇后。这个故事预示王政君将要成为皇后。

王禁本已为王政君相中一门亲事，双方父母也说定了。然而，王政君还没出嫁，男方就死了。接着，王禁又为女儿相中富家公子东平王，双方刚说定，同样离奇的事又发生了。这在当时来看，是命硬克夫的征兆。

后来，王禁为女儿算了一卦。卦象说王政君：当大贵，不可言。世间富贵很少，欲达到不可言的境界，只有当皇帝或者皇后。离奇之事频频发生，王禁大致参透，开始教育王政君读书写字、琴棋书画。王政君十八岁时，被选入宫。

王政君入宫时，刘奭还是太子。刘奭柔情似水，跟司马氏缠缠绵绵。可惜，司马氏体弱多病，早死。刘奭是个多情种子，司马氏死后，立誓不碰后宫女人。但刘奭是未来的皇帝，如果无子，未来的王朝就没有皇帝了。

刘询知道后，想到一个两全其美的办法，他亲自从后宫选出5个宫女供刘奭挑，王政君就在其中。刘奭的养母王皇后问他喜欢哪个，刘奭冷冷淡淡地说随便一个。王皇后见王政君坐挨着刘奭，而且王政君的大红衣角还接触到刘奭，便由此断定刘奭喜欢王政君。一个人故意穿一身大红衣裳，两个人偶然地坐在了一起，另外一个人主观臆测，历史就这样改写了。

完婚后，王政君为刘奭生了一个儿子。刘询为他取名刘骜。刘骜长大后，不合刘奭的心意，因而他想另立太子。刘奭虽然治国无方，在音乐方面倒颇有建树。他的小儿子刘康有音乐天赋，很合刘奭的心意。刘康的母亲名叫傅昭仪，她比王政君年轻，比王政君漂亮，比王政君讨刘奭喜欢。刘康是刘奭的音乐知己，刘康的母亲又是刘奭的新宠，于是刘奭就想另立刘康为太子。刘奭病重，只让刘康母子服侍，刘骜母子根本挨不上边。除此之外，刘奭还命人翻查史书，想知道汉景帝刘启是如何废掉太子刘荣的。刘奭之意，人人知晓。如此情势下，王政君很着急，火速寻求刘奭宠臣石显的帮忙。只要石显助刘骜赢得皇位，他就有了靠山。为了以后的飞黄腾达，石显同意出手相助，并最终保住了刘骜的太子之位。

公元前33年，五月二十四日，刘奭在未央宫驾崩。

王家有子名王凤

王氏诸侯中，只有王凤能将大事干好，他是一头猛虎，而且王凤有两位谋臣，一个是说客谷永，另一个是独眼龙杜钦。这两个人，无疑为猛虎王凤增添了两只翅膀。

如意人选王尊被踢出长安后，王凤即刻起用赌气甚重的陈汤。陈汤是能人，但赌气太重，贪得无厌。攻克单于城后，陈汤纵容士兵抢掠；借战乱之机，没收康居国的大批财物。陈汤狂傲至极，公开怂恿士兵贪婪。正是因为这一点，丞相匡衡在刘骜称帝后，才旧案重提将清理的矛头指向了陈汤。匡衡对刘骜说，陈汤贪得无厌，腐化堕落，是国家的大蛀虫，应该免除职务。刘骜只知道陈汤的缺点，不知道优点，就按匡衡的意思办理了陈汤。

陈汤赌性难除，为了挽回一线生机，决定再赌一把。陈汤上书，奏说康居国送来长安当人质的，不是真王子。陈汤靠打仗起家，此举不过是蓄意再次挑起战争，大发战争横财。然而经过查访，刘骜证实康居国送到长安的是真王子。陈汤欺君，被抓捕入狱，罪当斩首。正当陈汤命悬一刻之际，光禄大夫谷永上书为陈汤开脱，说陈汤是建立开国以来对匈奴作战的第一大功，瑕不掩瑜，不应该为一丁点小错就诛杀陈汤。谷永的父亲是谷吉，谷吉护送郅支单于的儿子交还时被郅支单于杀害。陈汤矫诏出兵，斩杀郅支单于，在客观上为谷吉报了杀父之仇。谷吉上书救陈汤，一方面是报恩，另一方面是为王凤办事。

谷永上书，刘骜觉得言之成理，便释放了陈汤，削其爵位，贬为普通士兵。陈汤起于贫寒，经过封侯高峰，现在复归平民，他的生命走了一个圆圈。然而天生陈汤必有用，侯爵失去必复来。陈汤被释放不久，西域都护段会宗发书告急，说都护被乌孙国军队围困，奏请征调西域诸国军队和驻扎在敦煌的汉军。

事情的始末是这样的，乌孙国内诸王发生争执，段会宗履行职责，前往平息。平息后，段会宗前脚刚走，乌孙国又起内乱。段会宗大怒，返身干涉，言语有失，得罪乌孙国。乌孙国见段会宗无能，便齐心合力，一致对外，合击段会宗。段会宗不能当机立断，坐失良机，深陷重围，才发书告急。

陈汤是西域的苍鹰，西域有事是他崛起的大好时机。王凤瞄准时机，建议起用陈汤。火烧眉毛之际，刘骜才知道陈汤的厉害。陈汤淡然从容地对刘骜说，不用担心，不出五天，一定会传来解围的消息。陈汤在西域待了很长的时间，知道汉朝的军事实力，更知道乌孙国的实力。陈汤说，乌孙国不堪一击，一个汉军能抵挡五个乌孙兵，乌孙国军事装备比汉朝的落后一大截。身为将军，陈汤知道兵贵神速。他说，如果从中原发兵，路途遥远，耗费时日，大军还没到，战争就打完了。刘骜接受陈汤的建议，不从中原发兵，就近调遣。果然，静等五日后，段会宗奏疏传到，说兵围已解。陈汤不负王凤厚望，料兵如神。王凤趁热打铁，建议重新起用陈汤，刘骜封陈汤为从事中郎。从事中郎相当于军事统帅部军师，大汉军事部署，陈汤说了算。

双手扶植陈汤，王凤的一双眼睛却恶狠狠地盯着匡衡。匡衡身居高位，招致很多双恶毒的眼睛。他见不得别人穿歪鞋，可他自己的脚也不正,将鞋给穿歪了。匡衡利用职务之便,侵占国家四百顷土地,理应被罢免。匡衡为人师表,行事却糊涂至此,伤害国家利益,刘骜只得公事公办。

赵氏姐妹入住后宫

刘骜其实并不适合做皇帝,他生性懦弱,不懂反抗,不会反抗,一切都按规定行事。这个被架空的皇帝,在王凤死后,解除了套在头上的紧箍咒。

于是,刘骜微服出宫,先解决了一点正事,然后随便逛逛。听说王氏五侯很张狂,整天只知道斗富比豪,刘骜决定前往拜访,想见识一下什么叫奢华。成都侯王商,胆子很大,曾在一个炎热闷人的夏天,突发奇想,向皇帝借明光宫居住。明光宫在长安城内,紧挨桂宫,只有皇帝有使用权。王商借明光宫一事,给刘骜留下了很深的印象。所以此行的第一站,刘骜就选择了王商的宅邸。王商很客气,对待刘骜就像对待知己一样,带领刘骜参观他的杰作。王商在家里修了一个精美绝伦的人工湖,为了引用活水,凿穿了长安城城墙。长安城就像刘骜的家,是刘氏祖上用命换来的。王商凿穿长安城,就是毁害刘氏基业。

紧接着,刘骜拜访曲阳侯王根。皇帝拜访,王根热情款待,同样领刘骜参观他的杰作。王商修建人工湖,王根附和,修建一座假山;王商凿穿长安城,王根同样追随,模仿未央宫白虎殿建造假山。

回宫后,刘骜召见王音,命他办理王商和王根。听说要被办理,王根和王商非常震惊。为了生命安全,王根和王商学习王凤,哭求王政君帮助。王根和王商对王政君说，他们知道错了，愿意在脸上刺字，割掉鼻子，以此谢罪。刘骜听说后，怒气不消反增，并说，君无戏言，一言既出，驷马难追。

大司马王音听了刘骜的话后，回到家中跪在一个草垫上，时不时地抬头望望天。囚犯斩首时，为防止颈部激喷的血流在地下，特意给囚犯垫垫，用以吸收鲜血。王音跪草垫，是因为听到刘骜派人查询刘恒怎么逼死舅父薄昭。刘骜突然发威，王音真怕。

刘骜雷厉风行，王商、王根、王音三人一起，背上大刀和砧板，前往皇宫向刘骜请罪。然而，刘骜心志不坚，只有三分钟热度。面对国家重担，刘骜依赖三公，尤其是王凤；面对人生，刘骜依赖女人，尤其是赵氏姐妹。

当上太子后，刘奭从外戚许家找来一个女人，嫁给刘骜。刘骜还算争气，娶了许皇后后，马上生了一个儿子，但不久孩子就夭折了。接着，刘骜生了一个女儿，但不久也死了。刘骜登基后，许皇后再也没生一个儿子。王政君着急了，为了砸碎许皇后对刘骜的垄断权，在王氏家族授意下，朝臣上书，说天灾连连，因为皇帝无子。为了大汉基业，刘骜只能暂时搁下许皇后，重新宠幸一位班婕妤。班婕妤美丽善良，讨刘骜的欢心，更令王政君喜爱。不久，班婕妤生了一个儿子。可惜，这个孩子命短，也早早地死了。

刘骜修理王氏五侯后，没人敢管他，因而他常常跑出皇宫游玩，在阳阿公主府上遇见能歌善舞的赵飞燕，一见倾心。

赵飞燕出生后即被父母抛弃，丢在野外三天。然而赵飞燕竟然三天饿不死，她父母认为赵飞燕命不该绝，便送她到阳阿公主府上学歌舞。赵飞燕身形瘦削，轻巧如燕，舞姿翩翩，人称飞燕，最终忘了她的真名。刘骜见了赵飞燕后，立刻招进皇宫，连同赵飞燕一起进入皇宫的还有她妹妹赵合德。后宫女官，阅过无数美人，人称披香博士，她预言赵飞燕是祸水，将会淹没刘氏。当时长安谣传，说燕啄皇孙的燕指赵飞燕，意指刘骜必然无后。用星象学观点来看，汉朝主火，赵飞燕是水，刘骜这团温火一头扎在赵飞燕怀中，就是自取灭亡。

刘骜栽在赵氏姐妹怀里，封她姐妹俩为婕妤。在后宫，婕妤的地位仅次于皇后。赵氏姐妹貌美如妖，心毒如蝎，为了皇后之位，使出女人的拿手把戏，制造巫蛊，栽赃嫁祸。趁刘骜躺在怀中，赵氏姐妹软语温存地说，许皇后不甘遭受冷落，利用巫蛊，诅咒后宫美人早死。这里的后宫美人，不指别人，专指赵氏姐妹。刘骜的耳朵很软，女人说一句话，他就晕头转向。此后，许皇后被废，许家外戚被逐出长安。班婕妤聪明伶俐，被审问时，咬死一句话不说，最终为了自身安危，只能明哲保身，主动请求搬去和王政君同住。

经过后宫大战，赵氏姐妹称霸后宫，彻底霸占刘骜。

为了女人第一次杀人

许后被废,皇后位置空缺,刘骜被赵氏姐妹霸占,一个必然的结果被制造出来了:刘骜要封赵飞燕为后。刘骜沉迷于赵飞燕的美色,连国家大事都忘了,更忽视了王政君的重要存在:在后宫,王政君资格最老;在皇宫,刘骜孝顺敬重王政君;在朝廷,王氏家族掌握大权。

王政君出身名门,很看重身份,从没将赵飞燕放在眼里。赵飞燕能蛊惑皇帝,但却不能取得王政君的信任和好感。为了自己的利益和皇室的香火,王政君不能继续等闲视之、袖手旁观,必须插手干预。与此同时,王政君的侄子从刘骜那里看到了好处,便决定出手帮助刘骜。

王政君的侄子,名叫淳于长,是她姐姐的儿子。淳于长凭借和王政君的亲戚关系进宫担当黄门郎。黄门郎官小,没有贿赂,没有地位,干了一段时间后,淳于才决定找机会升迁。大司马王凤生病期间,淳于长一天去看望几次,陪着王凤散散步,聊聊天。王凤深为感动,临死时,托付刘骜升淳于长的官。王凤将死,刘骜按王凤的意思,提拔淳于长为侍中。为了证明他这个侍中不是吃白饭的,淳于长主动请缨,向刘骜保证说他可以让王政君答应立赵飞燕为后。嘴说不行,淳于长就采取实际行动,首先他建议刘骜封赵飞燕的父亲为侯，他认为这样一来，王政君就不能拿赵飞燕出身低微做借口了。其实这是弄巧成拙，此举只能说明裙带关系力量大，反而破坏赵飞燕的形象。

成帝永始三年（公元前14年），怀着如日中天的希望，刘骜封赵飞燕的老父亲为成阳侯。刘骜视封侯为儿戏，马上有人上书，骂赵氏姐妹红颜祸水。

上书之人，名叫刘辅，官居谏大夫。刘辅是皇室宗亲，他估计这么骂不会出大事，况且背后有一批强悍如军队的人支持他。为了加重火药味，刘辅说，满朝公卿都不敢指摘，他不怕死，敢为天下先，挺身而出。

刘骜怒目而视，头发都竖起来了，决定杀刘辅铺平赵飞燕的封后大道。命令刚刚下达，光禄勋师丹、太中大夫谷永、左将军辛庆忌和右将军廉褒等朝廷重臣纷纷上书，为刘辅求饶。这些人说，刘辅上书在职权范围之内，即使出言不逊，也不该问斩。

其实刘骜想杀刘辅，只是想先玩个下马威，让朝臣不敢阻碍赵飞燕的封后之路。朝臣集体出面求情，刘骜采取折中主义，免刘辅死罪，罚做三年苦工。除此之外，刘骜还顶撞了王政君，王政君由此疏远了他。

赵飞燕知道，皇太后之所以不承认她，是因为她不能生育。赵飞燕已经跟了刘骜好长一段时间了，一直没有怀上孩子，她害怕了。为了证明不是她的错，她私下找来侍郎、奴仆，进行逐个尝试，每一次尝试的结果都令她痛不欲生。面对一次接一次失败的打击，赵飞燕向命运低头了。

赵飞燕谋子之际冷落了刘骜，刘骜有依赖心理，受不了冷落，立刻将目光投给了赵合德。赵飞燕美，赵合德也美，刘骜对赵飞燕爱得深，对赵合德同样爱得深。宠爱赵合德期间，刘骜将赵合德的昭仪宫大加装修，让美人赵合德享受大汉第一奢华的宫殿。

面对人生的痛苦，赵氏姐妹两人一条心，互相为彼此开脱。刘骜躺在赵合德怀中时，赵合德对刘骜说，赵飞燕性子刚烈，得罪过不少人，必定有人会污蔑；如果有人揭发赵飞燕，说赵飞燕坏话，刘骜一定要先将揭发之人杀死。

刘骜很听女人的话，不久，果然有人揭发赵飞燕淫乱后宫，刘骜直接将揭发之人杀害了。这是刘骜登基以来第一次杀人，他不杀王氏五侯，却杀害揭发赵飞燕的人。

选立接班人

王政君在和赵飞燕对峙了一年多后,最终还是松口了。其中缘由只是为了延续皇室的香火。王政君阻止封赵飞燕为皇后,目的是要一个孙子;她松口默许,也为一个孙子。既然赵氏姐妹不甘罢休,王政君就决定给她们一次机会,也给自己一次机会。

成帝元延四年(公元前9年),诸侯王前来长安朝拜,来的人不特殊,但是日子很特殊。病弱的刘骜四十四岁了,已经放弃了生儿子,要从两个王中选一个册立为太子。这两个看似不特殊、实际很特殊的人就是中山王刘兴和定陶王刘欣。

刘兴是刘骜的兄弟,刘欣是刘骜的侄子,这两个人都是刘骜最亲近的人。刘欣的老爹刘康和刘骜关系很好,可惜被王凤拆散后,彼此难见一面,最终人鬼殊途。刘欣乖巧伶俐,刘康死后,刘欣深得刘骜的青睐。

细节决定成败,不能忽视每一个细节。朝见期间,刘骜暗中考察刘兴和刘欣的才能。刘欣就像一位经过严格训练的士兵,无论大事小事、一言一行都深合刘骜心意。刘欣能将刘骜最喜爱的《诗经》倒背如流,刘兴却是凡夫俗子一个,什么都不懂。选立国家的太子,不一定要选才华横溢的人,但也不能要一个凡夫俗子。第一局比试,刘兴败阵。

第二局最平常，比吃饭。刘欣吃饭时，温文有礼，举止得当，刘兴却狼吞虎咽，仿佛前世是饿死鬼。退席时，刘欣懂得让刘骜先走，刘兴却如一枚冲天的炮弹，直冲猛闯。更令刘骜生气的是，刘兴的袜带松了，大半截脱落在外面，像一个要饭的。刘骜看后觉得刘兴没有帝王之气，甚至连贵人的气质都没有。于是在刘兴和刘欣之间，刘骜选择了后者。

世上最无奈的选择就是二选一，然而，刘骜所面对的二选一却非常合心。因为为了儿子的皇位，傅昭仪曾与王政君大战，王政君技高一筹，傅昭仪只能跟随刘康一起蹲在定陶。大战结束后，王政君、刘骜和刘康都淡忘了战斗之事，唯独傅昭仪记得最深。傅昭仪十分高傲，儿子当不了皇帝，就训练孙子。刘欣之所以能将《诗经》背得滚瓜烂熟，全都是傅昭仪几十年如一日教养的结果。

刘骜相中刘欣后，召集朝臣开会，讨论册立太子一事。这时已经过去一年了。成帝绥和元年（公元前8年），朝臣再次商议立太子一事时，有些人竟然提议刘兴为太子，最突出的代表是御史大夫孔光。孔光认为，依照礼教规则选择，要选立与刘骜血缘最近的人，即按兄终弟及的模式选立太子。

孔光，字子夏，是孔子的第十四代孙子。孔光不喜欢当官，然而，他读的古书很多，想不当都不行。孔光看待问题，总是以古书为标准，忽视现实人的需要，很容易碰钉子。丞相翟方进与孔光看待问题的视角不同，他从现实人的需要出发，知道权变。刘骜喜欢刘欣，翟方进提议刘欣为太子。

翟方进，字子威，也是一个出身贫寒的人。年轻时，翟方进在地方郡守府上任职，劳累疲惫不说，还看不到人生的希望，很想辞退。偶然的机会，一个算命的对翟方进说，只要他好好读书，将来必定做大官。对此，翟方进深信不疑。于是他告诉他后母，自己要到长安求学。后母怜惜翟方进，陪同到长安。到长安后，翟方进的后母织鞋为生，翟方进一心学习《春秋》。学成后，翟方进开始入朝为官。经过几十年如一日的如履薄冰，翟方进当上丞相。

翟方进一路上，眼观六路，耳听八方，争取掌握最精确的情报，力求做到不差毫厘的判断。得知刘骜有意立刘欣为太子后，翟方进坚决拥护刘欣，深得刘骜喜爱。附和孔光选立刘兴的人很少，多数赞同选立刘欣。最后刘骜册立刘欣为太子，同时为了安慰刘兴，刘骜多给了他三万户采邑。

按照大汉规定，刘欣过继给刘骜后，就不能再同原先的亲人有任何联系。然而，刘欣是傅昭仪推荐的，王政君和刘骜商议后让傅昭仪每隔十天见刘欣一面。

第五章

王莽的发迹史

谋权位群小献丑

被折腾得快要疯了，刘骜才立刘欣为太子。接班人敲定，刘骜深深地舒了一口气。几个月后，中山王刘兴死了。

刘兴曾是太子的最佳人选之一，太子之位敲定后，他就暴毙，实在是不太寻常。当时刘骜将全部感情倾泻在男宠身上，对其他事非常麻木，只感觉选刘欣很对，否则又得再来一次。选立太子，不仅皇子争得头破血流，不顾手足之情，连皇帝也因此疲惫不堪。

作为一个很怕做出抉择的人，刘骜喜欢顺从别人的指使，尤其是赵氏姐妹的指使。正当刘骜为选立刘欣而欣慰时，突然传来，大司马曲阳侯王根病重，请求皇帝选任他的接班人。刘骜虽然因选立太子一事头痛不已，但一听要选任大司马，他却高兴得紧，这不得不归于爱情的力量。

由于王根病重，刘骜想将大司马之位送给淳于长。自有大司马一职以来，大多是外戚担任，刘骜欲选任淳于长，这无疑破坏了规矩。刘骜觉得破坏规矩没关系，因为有王凤破坏规矩在前，他仅是步其后尘，稍加更改。刘骜此举，得罪了外戚王氏集团，而他得罪的王氏集团中恰好潜伏着一位玩弄权谋很厉害的人物。为了爱情，本不聪明的刘骜变得更加盲目了，不知不觉就将祸水引入皇室。

当年，大司马的候选人多为王氏一族。其中有安阳侯王音、平阿侯王谭、成都侯王商、红阳侯王立、曲阳侯王根、高平侯王逢时，这几位都因外戚身份被封侯，没什么丰功伟绩，无法按功绩高低选任。既然不能按功绩高低选任，按年岁长幼选人就是一个好办法。可是王凤坏了这个规矩。王凤破坏规矩就如打破窗户，他的这一举动给刘骜提供了两个进入房间的方式：跳窗和走门。

在王凤担任大司马期间，王音很会讨好卖乖，深得王凤喜爱。为了扶植堂弟王音，王凤打压其他同父异母的兄弟，绕过年岁长幼之序，奏请选任王音。王谭等人无能为力，只能干瞪眼。王凤此举，就如想进房间，却不由门过，而是打破窗户跳进去。刘骜沉迷于女色，就像一具行尸走肉，一概听任王凤。他不关心谁是大司马，觉得王谭早晚都能当，不必着急。

然而，王谭命不好，比王音早死。刘骜跟王氏兄弟没有情感纠葛，对他们兄弟一视同仁。王音死后，刘骜按长幼之序，选王商为大司马，选王立为特进。特进，是汉朝官职的专用术语，意指候补大司马。刘骜的一视同仁，让这帮无用的家伙很高兴。王商和王立曾经腐败至极，差点被斩，如今位高如此，很是得意。文景之治时期，刘恒和刘启都因仁爱不愿惩治臣下，刘骜却是因懦弱而不惩治臣下。王氏兄弟无能，刘骜懦弱，彼此相处极好，这就是物以类聚。

王氏兄弟虽然自己没有本事和能力，依靠王政君身居高位，但很会暗斗。王凤提携王音，王谭心怀嫉恨。但他不敢恨王凤，只能将一腔恨意泼向王音。王凤死后，树倒猢狲散，他养的马屁精谷永投向王谭，将矛头直指王音。跟大司马作对，谷永简直是找死。他还没用多大能耐，王音眉头一皱，他就被贬到地方当刺史了。

权力就如魔鬼，会使人生出整人的魔念。王氏兄弟无能，平常多被人整，身居高位后，也想整整人，报仇报怨，尝尝整人的滋味。王商曾被王凤冷落，也被王音冷落。在他被王凤和王音冰冻期间，陈汤这家伙却越来越红，红得就要自发燃烧了，王商心生嫉恨。小人，尤其是无能的小人，他们的嫉恨就如肿瘤，难以医治。

王商吸取匡衡没除掉陈汤的教训，利用职务之便，大范围收集陈汤的罪证，非将陈汤弄至死地不可。王商高高兴兴地将致死材料交给刘骜，但刘骜懦弱，顾念陈汤斩杀郅支单于之功，贬陈汤为平民，流放敦煌。

对于小人，即使饶他不死，他仍是小人；对于无能的人，无论如何教导，他同样是无能的人。王立曾经因为腐败被刘骜责骂，差点被斩；擢升特进后，他还是同样腐败。王立胃口大，胆子也大，他竟然敲诈国家。天下是刘骜的，敲诈国家就等于敲诈刘骜。刘骜一气之下，剥夺王立接任大司马的权利。

身为特进期间，王立瞄中南郡几百顷荒地。官府鼓励开垦，将土地分给百姓。王立如只饿狗，见肥肉就吃，也不管是否有毒。他勾结南郡太守，抢夺百姓土地，假装派人开垦。不久，他上报朝廷，说土地已被开垦，可以收回。几百顷土地，是否已经开垦，开垦到什么程度，瞒不过众人的眼睛。王立没开垦土地，却骗取朝廷大量钱财，其他爱钱的人自然眼红。

大汉初建时，出现一堆不怕死的异姓王；大汉走到生命的中间点时，出现一堆视钱如命的小人。陈汤爱钱，王立爱钱，淳于长也爱钱。同类人物扎堆出现，大汉真是一个奇迹频出的朝代。王立诈骗国家期间，淳于长的势焰正红，他不会坐视不理。

王立骗取的钱财还没洗干净，朝中就派人调查了他。此人无能又没脑子，偏偏在就要接任大司马时出事，刘骜想手软都不行，何况坠入爱河的刘骜不会对任何挡住男宠淳于长的人手软。刘骜宠爱淳于长，对其简直是百依百顺，淳于长想把谁弄下台，刘骜举双手赞成，几乎可以称得上两人同心，其利断金。

自王商死后，王根越过王立，接任大司马一职。自刘骜宠爱淳于长后，他心神不宁，办事没有连续性。按程序，王根接任大司马，王逢时就是特进,然而刘骜不作任何表示。王逢时天生愚笨,不是玩弄政治的料子,上天也要让他死在王根之前。王根病危,特进一职空缺出来,他请求刘骜选任接替大司马之人。刘骜跟淳于长有永远度不完的蜜月,他胸中一动,打算将大司马送给淳于长。身居高位,就可以腐败捞钱,淳于长自然愿意。

听说即将接任大司马,淳于长亮出厚脸皮,使出甜嘴皮,天天奔往于刘骜和王根处。一心二用,委实辛苦;为了钱,淳于长连鞋底都磨破了。

王莽的成长史

王莽,字巨君,是孝元皇后王政君的侄子。宗族是中国古代社会的一个大集团,只要族中有一人"得道",其他人无论贤愚都能"升天"。王政君当上皇后后,她父亲王禁被封为阳平侯。王禁死后,她哥哥王凤继承侯爵。她弟弟王谭被封为平阿侯,王崇被封为安成侯,王商被封为成都侯,王立被封为红阳侯,王根被封为曲阳侯,王逢时被封为高平侯,堂弟王音被封为安阳侯。王政君一人当皇后,整个家族都被封侯,外戚不干政就是笨蛋。

王莽身属豪族,但生在穷家庭。只怪他父亲王曼不争气,还没被封侯就死了。王莽来到这个世间时一无所有,他从家里走进社会时还是一无所有。王莽年幼与堂兄堂弟们玩耍,堂兄弟穿得光鲜靓丽,乘骏马,坐香车,好不骄傲,好不风光。堂兄弟们日日斗富,天天比贵,王莽只能干瞪眼。都姓王,一般大年纪,别人就穿得比自己好,吃得比自己香,王莽好不纳闷。

都说上天是公平的,上天没给王莽富贵,就送他孤独。因为贫穷,王莽孤独得形影相吊。没人肯陪他这个穷小子玩,王莽就勤学苦练,拜沛郡(今安徽淮北市西北)陈参为师,一心研究《礼经》,将自己装扮得十分像儒生。不仅如此,王莽还降低身份与一般布衣论交。说王莽降低身份,是因为他姑姑是皇后,平头百姓不能与他平起平坐。王莽十分节俭，将多余的钱财送给需要帮助的人。不出几年，王莽博学多才、貌似儒生、慷慨乐施的美名越传越远。

与王氏集团中其他子弟的纨绔相比，王莽简直就是天上的天鹅，他的堂兄弟都成了不知天高地厚的丑小鸭。他的伯伯、叔叔不是腐败分子就是败类，这更能衬托王莽儒雅有度、博学高才。一句话，在无能的王氏集团中，王莽往当中一站如鹤立鸡群，真是凤毛麟角。

王莽的哥哥死了，将自己的妻儿托给王莽照顾。自此，王莽照顾老母亲，照管嫂嫂，教养侄子，面面俱到、恭敬有礼，没有丝毫越礼之处。这样的一个人才，打着灯笼都找不到，竟然生在腐败的王氏集团，不是见鬼就是有诈。

汉成帝年间，王莽的伯父大司马王凤病重，王莽前往照管。他亲口为王凤尝药，王凤卧床几个月，王莽照管几个月。为了照顾王凤，他不解衣带而睡，蓬首垢面。为讨好一个将死的人，王莽肯下这等功夫，淳于长却只会陪王凤散散步聊聊天。王凤自然被王莽的诚心打动，托付孝元皇后和成帝照顾王莽。王凤死后，王莽被任命为黄门郎，后来升迁为射声校尉。

听说王凤卧病在床，淳于长和王莽都细心看望，王凤死后他俩都被封官。然而，从这一件小事就可以看出，王莽比淳于长厉害。淳于长会作秀，王莽善作伪。与王莽狭路相逢，淳于长只能自认倒霉。

王莽谦恭下士的美名远播，他的社会声望很高。一天，他叔父王商上书，请求割一块户邑给王莽封侯。王商提出这个要求并非脑子进水，因为劝谏刘骜批示同意的都是当世贤人，如中郎陈汤、长乐少府戴崇、侍中金涉等人。这么多名流为一个不起眼的王莽上书，刘骜想不看好王莽都不行。

成帝永始元年（公元前16年），王莽被封为新都侯，封国在都乡，食邑一千五百户。淳于长进步后很骄傲不说，居然还敢诈骗皇后。反观王莽，他进步后非但不骄傲还越发谦虚。王莽有抱负，淳于长鼠目寸光，他俩的差距很大。王莽被封为侯，他并不骄傲是因为他觉得自己离梦想还很远。在王莽心中，被封侯仅是人生的起点，离他理想的终点还很远。"路漫漫其修远兮，吾将上下而求索"，这才是王莽的心里话。

从此之后，王莽的官职就如同芝麻开花节节高。不久，王莽升任骑都尉光禄大夫。官职每上升一级，王莽越发谦卑，他不仅对人礼遇有加，还为了赈济宾客散尽自己的好马香车，搞得家徒四壁。如果让淳于长散财救助他人，就等于要他放自己的血喂人。王莽交友送人钱财，而淳于长交友总想榨取。

尽管家徒四壁，但王莽尽力接纳名士，结交了很多士卿大夫。王莽声名日隆，在朝者竞相举荐他，在野者互相夸赞他，他的美誉远远超过他的伯伯叔叔。在朝廷做官，需要有人抬轿子，也需要有人吹喇叭。

人为财死

如果说淳于长是个视钱如命的诈骗犯，那么王莽就是个政治手腕极灵活的权谋家。他俩都曾讨好过大司马王凤，也都对大司马之位怀有觊觎之心。在王莽心里，大司马是外戚家族的。外戚中当数王氏集团最强，他在王氏集团中声誉最隆，大司马之位非他莫属。而淳于长自恃刘骜对自己的宠爱，希望改变惯例抢大司马之位来玩玩。在他看来，只要刘骜为他撑腰，大司马就是他的囊中之物。

诈骗犯遇上权谋家，最好退避三舍，否则后果不堪设想。淳于长太爱钱了，竟然骗取许皇后的钱财。淳于长此举等于将自己的头送到刘骜的刀口上。刘骜很宠淳于长，只要不是大事，刘骜一定不会动他一根毫发。然而，一夜夫妻百日恩，淳于长诈骗许皇后，就等于欺骗刘骜。对于淳于长而言，金钱不是罪恶的深渊，而是葬身的深渊。

前文说了，淳于长爱东游西逛，看见谁富有就想从谁身上榨取些钱财。淳于长并无长处，只靠一张厚脸皮专会甜言蜜语地讨好失落女人的芳心。许皇后有个姐姐叫许嬷，许嬷丧夫在家守寡，淳于长瞄好时机，常常登门拜访。一来二去，两人就厮混在一起。

被从皇后宝座上踢下来的许皇后，看着空空的宫殿十分寂寞。她见姐姐和淳于长关系好，又想到刘骜对淳于长的宠爱，动了念头请求淳于长将她弄回后宫。许皇后企盼能再见到皇帝被封个名号。许皇后虽然脑子简单，但她知道淳于长喜欢钱，便以重利勾引淳于长。淳于长抵制不了诱惑，尤其是金钱的诱惑，马上答应了许皇后。

　　脑子复杂，但淳于长并不聪明。他认为许皇后有钱没势，骗骗就可以蒙混过关。怀着希望等待活得高兴，怀着孤寂生得痛苦，许皇后选择前者，她一心等待淳于长的佳音，一等就是几年。这些年，许皇后与淳于长常有书信往来，淳于长生性轻薄，不时来几句挑逗之语。有求于人的许皇后默然忍受，有时甚至稍感喜慰。几年下来，许皇后使钱如流水，共被淳于长骗取千余万钱。许皇后此举可是将后半生都给押上了。

　　精细的王莽不轻易得罪任何人。王莽觉得要办大事不能树敌过多，否则必引火自焚。自王莽出道以来，只有结交人、帮助人，从没整过人、害过人。王莽不整人，但他留心收集整人材料，也就是对方的犯罪证据。如果彼此相安无事，王莽就将别人的犯罪证据吞进肚里、烂在心里；如果对方挡在他前进的道路上，那么无论如何他都要将对方置于死地。

　　深得刘骜宠幸又深受王太后喜爱的淳于长，早就被王莽盯上了。王莽知道淳于长诈骗许皇后，然而许皇后是甘愿受骗，更何况这样的人根本不值得王莽得罪皇上和太后身前的红人。王莽冷眼看着淳于长，就像冷眼看着窗外的落雨。只要雨点不打到自己身上，他绝不妨碍雨点。

　　然而，刘骜这阵风，将淳于长这阵雨吹打在王莽脸上。一旦刘骜任命淳于长为大司马，王莽的百年大计就要推后许久，甚至不能实现。当此紧要时刻，王莽坐不住了，他去看望卧病在床的王根。

　　历史是何等相似，曾经大司马王凤病重，王莽几个月都没合上眼睛好好地睡一觉。王凤死后，皇帝封他黄门郎。那时淳于长也去讨好王凤，陪王凤散步聊天，皇上也封赏。现在，位居大司马的王根同样病重，王莽同样前来照管看望，同样希望王根能在遗言中提拔他。如果说这两者有什么不同之处，那就是王莽胆大了，敢进谗了，他将淳于长与许皇后的姐姐通奸和诈骗许皇后的事全说了。

听到消息勃然大怒的王根，命王莽火速告知王太后。王根大怒不是因为淳于长通奸，也不是因为淳于长诈骗，而是害怕王太后被淳于长愚弄。王根要死了，他不希望王太后受奸人愚弄。无论淳于长多么可恶他都不管，他只要求王太后别被奸人愚弄。王莽很聪明，有这样的事情他不直接告诉刘骜，而是先告知王根。王根担忧王太后，遇到此等大事，必然让他去告知王太后。遇此丑事，王太后不方便处理，一定会要他告诉刘骜。同一个消息从一个人的耳朵传到另一个人的耳朵，王莽却见了三个人，即在这三个人的心里都留下了好印象。好印象不是金钱，但它比金钱管用。如果刘骜对淳于长有很好的印象，刘骜就会多给淳于长一次机会。

人类的情感真是奇怪，刘骜宠幸淳于长，但对他没好印象。他宠幸淳于长，只爱淳于长的身体，在刘骜看来淳于长本人毫无内在品质可言。如果说淳于长有品质，那就是爱钱。刘骜不是品行高尚的人，但也没恶劣到跟爱钱如命的人同流合污。对刘骜而言，淳于长只是一具身体；对淳于长而言，刘骜只是一株摇钱树。

刘骜不杀王融、不杀陈汤，也不会杀淳于长。刘骜不杀人，他只会将罪犯贬回封地或者发配边疆。刘骜发配陈汤到敦煌，对昔日恋人淳于长较好，贬他回封地定陵。淳于长曾在长安风光一时，那时要什么有什么，何等快活。现在要走了，可能永远回不来了。对于爱钱如命的人而言，如果永远回不来了，他不会留下一分值钱的东西。正当淳于长费尽心思打包回家时，王融跳出来了，他要淳于长留下仪仗队。

王融是外戚要人王立的儿子。由于王立因诈骗国家财产丢了大司马之职，赋闲在家没事干，只能教儿子王融敲竹杠的伎俩。王融嘴上说要淳于长的仪仗队，心里却在计算王立诈骗国家财产被查一事。

清查之下，王立一丢官职，二丢财产，损失惨重。他认为这一切是淳于长在背后捣鬼。如今，淳于长被贬回定陵，多半一辈子都回不来。如果不趁机敲他一把，王立被查的大仇就别想报。王融也是讲求实际的人，他知道很多东西都追不回，至多只能让淳于长用钱赔偿。好在淳于长钱多，而且也是讲求实际的人，见王融勒索当即奉上大钱。

王立与淳于长的矛盾，不是敌我矛盾，是内部的矛盾。内部矛盾能用金钱解决，如果不能用金钱解决，那就是敌我矛盾。

一份奏折铲除异己

王融前来，名为乞求仪仗队，实际想趁机敲淳于长一竹杠。淳于长脑子一转，当即笑嘻嘻地牵着王融的手，一起走进内堂。王融年纪轻，尚未在官场历练，对淳于长的举动好不纳闷。淳于长扶王融坐好，马上搬出金银珠宝，只见那些财宝如一座大山般堆在桌上。

淳于长心想，只要能用金钱请王立向刘骜美言几句，也许能够留在长安。俗语言，留得青山在，不怕没柴烧。只要能留在长安，淳于长的作秀总有一天能发挥功效；如果被贬回封地，即使作秀功夫天下第一，也是徒有其技无处施展。淳于长偷眼瞧着王融这根救命稻草，只见王融看着财宝眉开眼笑。见王融中计，淳于长不容他三思，命人包起桌上金银送给王融。贪婪是会遗传的。即使不会遗传，王融也在王立的言传身教下耳濡目染学会了几分。王融带上金钱立刻坐上马车，飞驰回家。

没想到王融一竹杠就敲回那么多金银，王立十分高兴。王融将淳于长的嘱托说了，王立马上写了封奏书，言辞恳恳，请求刘骜留淳于长在长安。

看完王立的奏书后，刘骜百思不得其解。这一对生死冤家突然和好了，他一点风声都没听到。南郡土地一事，王立恨淳于长入骨，巴不得将淳于长生吞活剥。淳于长被贬，王立应该高兴才对，而非奏请留他在长安。官员之间的私下联系本来就是皇帝所忌惮的，现如今这对仇敌突然握手言和，让刘骜不得不小心谨慎。为了自己的安全，刘骜命有司查报此事。

在刘骜时代，长安的官员中并无厉害之人，民风尚算淳朴。有司调查起来毫不费力，很快就知道王融曾向淳于长索取贿赂。刘骜想顺藤摸瓜，便命人抓捕王融来审问。王立听说刘骜发怒欲捕王融，他担心王融供出自己，心一狠就将王融逼自杀了。

为了一件小小的受贿案，竟然有人自杀。出人命了，刘骜更加关心此事。不是出于爱惜人命的慈悲心理，而是关心事件背后的阴谋。自王政君为后以来，王氏集团就是长安最强大的外戚势力。外戚专政深深伤害了大汉的心灵，大汉君王时常警惕外戚作怪。

淳于长听说王融自杀，害怕事情越闹越大，便马上溜走。刘骜决定，此事必须查个水落石出。平素只知道风流快活的皇帝突然发话办正事，有司勤勤恳恳，追回淳于长，关押大牢候审。刘骜不喜欢杀人也不喜欢整人，他只想将事情弄清楚。平素和善的刘骜发怒，顿时将淳于长吓傻了。淳于长立刻将贿赂王立父子之事说了。

古语说"泰山崩于前而面不改色"，这样的人才沉稳。淳于长容貌生得颇为出色，没受到过大惊吓，他不知道沉稳为何物。看见凶神恶煞的有司凶神，淳于长顿时吓破了胆，将诈骗许皇后，调戏许皇后，答应扶持许皇后为左皇后的事都说了。王莽向王根进言时，只说淳于长通奸许嬷和诈骗许皇后，并不知道其中细节。

调戏皇后就是惑乱后宫，刘骜对心爱的淳于长不再手软，当即命人斩了他。许皇后本来就受冷落，既然她想伸伸头，想吹吹风，刘骜就成全她。刘骜命孔光持节，前往看望许皇后。看望是假，孔光一去，自然领了赐死许皇后的命令。许皇后很听话，孔光走后，服毒自杀。既然是冷人，就不要凑热闹，否则不被烧死，必被烤化。

连杀两人的刘骜，已经承受不住这样的杀戮。丞相翟方进出身低微，勤奋好学，深谙察言观色之术，见王立不能全身而退，立刻上书弹劾王立，奏请逮捕王立。刘骜不喜欢关押人，他喜欢踢人屁股，将他们踢回封地。王立很幸运，刘骜没深究，只将他和他的党羽踢回封地。王姓"五侯"，有的死了，有的走了，长安如暴风雨之后的海面，有点安静。

长安原本可以安静的，可是刘骜只懂男女之事，不懂政治。眼见王氏集团就要灭了，刘骜偏偏将大司马之位拱手送给王莽。公元前8年，十一月，时年三十八岁的王莽被封为大司马。当上大司马后，王莽一如往昔，不但不骄傲，反而越发谦卑。身居高位，内孝外贤，行止有礼，路人有口皆碑，交口称誉王莽。想当年，萧何功高盖主，刘邦嫉妒之心大作，差点将萧何弄死了。而如今，面对名声如日中天的王莽，刘骜只想躺在温柔乡，不禁让人感叹真是一代不如一代。

踢走了王立，迎进王莽，长安似乎很平静。

第六章

王、傅集团斗争记

折檻圖軸 南宋

十宫词图册·汉宫 清 冷枚

进退维谷的刘欣

"燕啄皇孙，知汉祚之将尽。"这是骆宾王《讨武曌檄》里的名言。"汉祚将尽"还好理解，什么是"燕啄皇孙"呢？原来，赵氏姐妹进宫后，恃宠骄奢。渐渐地，她们姊妹二人成了后宫的掌权者。起初，一名姓曹的宫女为刘骜生了一个儿子，她们姐妹俩却将曹氏母子害死；后来，一位姓许的美人为刘骜生了一个儿子，刘骜竟然眼睁睁看着儿子被赵氏姐妹闭气而死。刘骜宠幸赵氏姐妹，致使自己无后，应了长安燕啄王孙的民谣。

三月十八，刘骜暴毙。三月十七晚上，刘骜还在赵合德怀中，两人恩恩爱爱，次日一大清早却人鬼殊途，好不令人伤心。

赵氏两姐妹恃宠惑乱后宫，致使刘骜一个孩子都没留下来，王太后对此十分痛恨。如今，刘骜已死，赵氏姐妹的靠山倒了，在权力过渡期间执掌大权的王太后自然不会放过这对姐妹。

刘骜暴死，王太后匆匆掌权。赵氏姐妹令王太后没有孙子，王太后就要她们不得好死。王太后命孔光立刻接任丞相一职，联合王莽，共同调查刘骜之死。王太后调查刘骜之死，旨在杀了赵氏姐妹。刘骜暴死于赵合德闺房之中，赵合德无论如何都脱不了干系。不出王太后所料，孔光和王莽刚刚开始调查，赵合德就畏罪自杀了。赵合德之死并没有解决问题，调查仍在继续。

皇权过渡时期，乖巧的过继孙子任由王太后体验掌权人的滋味。直到四月初八，刘欣才宣布登基。时年十九岁的刘欣就这样坐上了高高在上的皇位，不过皇帝的位置对于他而言并不意味着无限风光。按汉朝规矩，刘欣一旦过继给刘骜当儿子，就要和他的生身父母脱离关系。然而，刘欣的生祖母傅昭仪极富手段。她不仅养大了刘欣，还贿赂长安贵人如赵氏姐妹等，帮助刘欣取得太子之位。可以说，刘欣与傅昭仪的关系，就像李密与他祖母的关系：没有傅昭仪，就没有当上皇帝的刘欣。

刘欣登基称帝，也将他定陶的老家一起搬来。十九岁的刘欣光是与王太后家族搞好关系已经非常艰难，再加上两大家族相斗，他注定左右为难。活着就是痛苦，生命的负担太沉重了，他举步维艰。

刘欣称帝后，做的第一件事情就是封赏。他封王政君为太皇太后，封美人赵飞燕为皇太后，封他的准妻子、祖母傅昭仪堂弟的女儿为傅皇后。刘欣娶傅皇后，全是傅昭仪安排的，这个事实就证明傅昭仪很有心计，非常厉害。

选立太子之时，朝中上下所有人都觉着刘欣更适合，因为能说得上话的人都收了傅昭仪的贿赂。刘欣当上皇帝后，王太皇太后突然发现刘欣的外戚势力很大，仅傅昭仪就是一股不容忽视的力量。

论玩心计，王政君不是傅昭仪的对手，傅昭仪最会利用人类的感情欺骗对手的理智。刘欣被立为太子后，刘骜拒绝傅昭仪和丁姬前往看望刘欣。他觉得时间最是无情，不见的日子久了感情自会生疏。刘骜不愧是风流致死的高人，懂得日久生情。王太后深怀慈爱之心，允许傅昭仪和丁姬每十天看望一次刘欣。亲情不比爱情，他们相见得如此频繁，其中必有阴谋。

女人都有一点注重名号，不像男人看重实际，傅昭仪更是爱封号爱到狂。然而就是这名号使得傅昭仪、丁姬和刘欣在阴曹地府相聚。傅昭仪和丁姬天天缠住刘欣，就像刘欣小时缠住傅昭仪一样，天天问他，她俩应该住哪里。应该住哪里，这是一语双关句，暗含着对她俩名号的期盼。

生祖母如此相问，刘欣心中一酸，马上招丞相孔光、大司空何武开会，商议安排傅昭仪和丁姬的住处。刘欣招人开会，却没招大司马王莽。这就说明傅丁二人多么让他难于情。招朝廷要员开会，大司马王莽不到，这是一个多么畸形的会议。刘欣这个皇帝注定一辈子在两个家族的夹缝中生长。

说到傅昭仪和丁姬名号册立之事，不得不提一个人——何武。何武是蜀郡郫县（今四川郫县）人，他知道大汉的丞相一代不如一代，上书奏请刘骜恢复古代三公制度。刘骜不懂改革，想都不想就下旨通过。如果贾谊生在刘骜的时代，他就不会郁闷而死。

古代三公指丞相、大司马、大司空。大司马对应太尉，大司空对应御史大夫，丞相还是丞相。何武上书改革，其实什么都没有改，只不过换了一下名字而已。与贾谊相比，何武就是欺世盗名之辈。也因此何武被提拔做了官。

开会的时候，孔光发现大司马缺席了，他立刻嗅到其中的火药味。当初朝臣全都同意选立刘欣为太子，孔光力排众议，拒绝选择刘欣。孔光觉得，选立刘欣，无疑是引狼入室，因为傅昭仪生性如狼，诡计多端。孔光以周勃迎立刘恒为例，主张迎立一位外戚势力单弱的皇帝。众人皆醉，孔光的声音听起来又单调又好笑，选立刘欣为太子的大潮不可阻挡。刘欣称帝后，孔光害怕傅昭仪发展一支傅氏外戚，与王政君的王氏外戚分庭抗礼，最终会卷入派系之争的旋涡。孔光知道，现在是自己再一次站出来的时候。他遗传了祖上孔子的正直之气，宁为玉碎，不为瓦全。

因为害怕天空出现两个太阳，所以孔光极力阻止第二个太阳的升起。傅昭仪这个太阳就要升起了，孔光不能将她灭掉，只能将她转化为月亮。孔光提议另造宫殿给傅丁二人居住，他想隔断傅丁二人与刘欣的联系，让她们不能干政。

大家都是玩政治的，即使不会政治，也懂心计。孔光话刚出口，谁都知道他打什么主意。刘欣面有难色，因为他害怕傅丁二人责怪。谁都知道如果傅丁二人不想跟他住在一起，根本不会向刘欣开口。她们开口，自然是希望跟刘欣住在一起。刘欣明白孔光的心意，但就是不敢点头。

假改革家何武见刘欣脸有难色，提议让傅丁二人住在北宫。北宫是个好地方，不仅紧挨未央宫，还有直通未央宫的紫房复道。历史对傅太后真的很好，居然为她留有这么一个得天独厚的宫殿。遇此大好消息，傅丁二人火速搬往北宫，以逃避战乱的速度住进北宫。

北宫，傅太后来了；王政君，傅昭仪来了！

傅氏得势，王莽隐退

傅昭仪与王政君是同一个时代的人，但她们不是同一级别的人。当年，王政君与傅昭仪各为自己的孩子争夺太子之位，王政君技高一筹，将傅昭仪踢到定陶。傅昭仪被王政君一脚踢到定陶，就像拳击手被对手一脚踢出擂台，一直失落满怀。到过定陶后，天下人就将"定陶"贴在傅昭仪身上，仿佛她是定陶特产。一个生性高傲、计谋深远的人，因一步之错被别人贴上终生标签，她不甘愿。傅昭仪决心改变现状。

在傅昭仪心中，定陶是低贱的代表，长安是高贵的化身。现在，她好不容易身体入住长安，身上的标签仍是定陶，这让她很失落。傅昭仪是心里容不下一丁点失意的人，她热爱完美，一心追求完美。儿子当不上皇帝，她就亲自教养孙子，将一切希望都寄托在孙子身上。刘欣不负所望，对大汉法律了如指掌，将《诗经》背得滚瓜烂熟。刘骜一问，刘欣对答如流，后者就这样顺利地得到皇帝的欢心，拿下了皇帝的宝座。

虽然孙子当皇帝了，可傅昭仪与王政君还有很大的距离，最远的距离是名号的距离。名号是虚假的，却是人与人之间最远的距离。皇帝与平民都只是名号，承载这两个名号的人却天差地远。

住进北宫后，傅昭仪能够天天见到刘欣，想要刘欣干什么就说什么。傅昭仪说，她想当皇太后。她的意思是想和王政君平起平坐，分庭抗礼。刘欣刚登基，正事没干一件，只干了一堆争夺虚名的事。

长安风平浪静，因为以王莽为首的王氏集团在树立声望。王莽全靠声誉起家。树立声望是他的看家本领，他不能丢，否则必死。太皇太后王政君在玩以静制动的把戏，她像一只老猫，静静地蹲在墙角，仔细盯着洞里的老鼠。此时的王氏家族也没有销声匿迹，王莽一直都在暗中绸缪，给自己树立声望。而王政君也按兵不动，静观全局。

王氏家族掌握实权，他们可以静静地等待。傅昭仪却不行，她仿佛一只饥饿的小老鼠，尽管老猫窥视在旁，也不得不冒险出洞寻食。傅昭仪性子急躁，沉不住气，她根本不是王政君的对手。傅昭仪既不懂得先发制人，又不知道王政君能够后发制人，而且就连她的帮手也只能用无能来形容。

就在刘欣面对窘境一筹莫展之际，高昌侯董宏上书奏请刘欣封傅昭仪为皇太后。董宏援引秦朝为例，说秦国庄襄王的生母是夏姬，被华阳夫人收养。庄襄王即位后，封夏姬和华阳夫人为太后，历史的天空曾经出现过同朝存在两位太后。刘欣听后，大为欣慰，准备重赏董宏。

在刘欣时代，搞政治舆论是王莽所擅长的；看穿舆论背后的阴谋，更是王莽的看家本领。三个臭皮匠赛过诸葛亮在这里是不适用的，傅昭仪和刘欣再加上董宏并不能打响他们的如意算盘。识破他们想法的王莽，目的很简单也很明确就是反对封傅昭仪为皇太后。不过他不直接反对，而是请求惩处董宏。不剪除那将要结果的花儿，而是连根一起拔，这才是高手。

王莽说，董宏这家伙诅咒大汉，竟然将残暴无道的秦朝跟大汉相提并论，简直大逆不道。董宏一听，吓得魂飞魄散。"大逆不道"是个很虚妄的罪名，但处罚极重，可以灭族。董宏虽精通历史，但官场经验不深。身居官场的他，竟然不知道王莽的大名，这实在是太不应该了。

王莽话音刚落，师丹马上跳出来指责董宏。只有一个王莽，董宏就无法应对。一转眼，又跳出来一个熟读四书五经的家伙，可见王氏集团不好惹。师丹是刘欣的老师，师丹倒戈，刘欣更加没信心了。他无奈之下，只能牺牲董宏，将其贬为平民。王、傅集团第一次正面交锋，依附傅昭仪的董宏就成了炮灰。

师丹，字仲公，琅玡东武（今山东诸城）人。他老师很厉害，是研究《诗经》的大名家匡衡。元帝末年，师丹被封为博士，之后升任光禄大夫。刘骜立刘欣为太子，封师丹为太子太傅。刘欣称帝，顾念师丹教育之恩，封他为左将军、关内侯，管理尚书事。

此时的皇位，对于刘欣来说犹如烫手的芋头。他封傅昭仪为皇太后不成，得罪了傅昭仪，也得罪了王氏集团。得罪傅昭仪伤感情，得罪王氏集团伤皇威。正因如此，他幡然醒悟，没有权他什么都无法做。

手中没有权，刘欣就要争取掌权。权力在王氏集团手中，他就要处理好跟王氏集团的关系。靠近王氏集团不等于依附王氏集团，他想借机夺权。他的前辈刘章为他树立了一个遥远的榜样。刘欣去找王政君，告知欲封傅昭仪为皇太后，想探探王政君的口气。他觉得，如果王政君同意，万事大吉；即使不同意，也可以探探王氏集团对傅昭仪的态度。

出人意料的是，王政君竟然同意了，仿佛是封赏王氏家族。首先，封刘欣的老爹刘康为恭皇，这是为第二步打基础；其次，封傅昭仪为恭皇太后，封丁姬为恭皇后。傅昭仪一直希望的同等待遇，王政君也慷慨给予，即傅太后、丁皇后享受的待遇与王太后和赵皇后的同等。

胆子不大、胃口很小的刘欣，面对这样的情况不知所措。封赏傅昭仪和丁姬后，王政君授意，让刘欣封傅昭仪的三个堂弟为侯，封傅曼为孔乡侯，封傅喜为右将军，封丁明为阳安侯。不知是傅家有人不爱权还是不敢爱权，声望最高的傅喜竟然不接受封赏。

王政君干事干净利落，她修书一封，命王莽辞职回家养老。王莽非常听话，不闹也不吵，上书辞职，奏请回家养老。王莽愿意归隐山林，这与他责骂董宏的行为大相径庭，刘欣感到很古怪。王氏家族突然撤走自己的势力，这给初当皇帝且并不聪颖的刘欣出了一个大大的难题。刘欣不知道王氏家族有什么阴谋，只感觉王政君撤走势力不合常理。王氏家族的行为越不合常理，刘欣越不敢接受。起初，刘欣想搞垮王氏集团，当王氏集团主动自我瓦解时，刘欣却非常害怕。处在被动位置的他，根本不敢轻举妄动。

两强之间有一虎

一朝天子一朝臣，刘欣也希望拥有自己的朝臣。自登基起，他苦苦寻觅人才，好不容易找到一个胆大敢为的朱博，本以为自己终于能够扬眉吐气，可朱博有眼无珠，完全不理会自己的提拔，听从傅昭仪的调遣，最终引火自焚。朱博的昙花一现，让刘欣的理想又黯淡下去了。为了明天，刘欣不得不继续苦苦寻觅人才。

看着求才若渴的刘欣，上天给了他一个假希望。正当理想黯淡无光之际，上天给刘欣送来了董贤。哀帝建平三年（公元前4年），二十二岁的刘欣风华正茂。也在这一年，他遇到了董贤，对董贤的迷恋也变得一发不可收拾。

英雄总是难过美人关的，面对美人无论是刘骜还是刘欣都无法移步。刘恒宠幸邓通的方式已经过头了，可在刘欣来看也不过如此。刘欣结识董贤后的所作所为，比起刘恒有过之而无不及，简直达到了一个巅峰。

董贤，字圣卿，云阳（今陕西淳化县西北）人。他父亲是一位监察官员，叫董恭。董恭很有眼光，见宝贝儿子长得漂亮，便想方设法将董贤送到太子刘欣身边当舍人。俗话说得好，"一人得道，鸡犬升天"。刘欣称帝后，董贤被封为郎官。

自当皇帝起，刘欣没有一天过得开心。他熬过两年的不快活日子，终于在两年后的某一天遇到了样貌惊为天人的董贤。董贤身为太子舍人，在刘欣还是太子时他们时常碰面，可是刘欣却对这个美男子毫无印象。两年后的惊鸿一瞥，董贤就住进了刘欣的心中。

从那以后，刘欣过上了一段让他终生难忘的幸福日子。刘欣觉得，人生有董贤，足够了；董贤觉得，人生有皇帝，满意了。两个人在一起，不一定要相爱，重要的是彼此少不了对方。他们两个人都觉得彼此是生命中不可或缺的一部分，这就是相依为命。刘欣爱董贤，就如刘骜爱赵氏姐妹，本质都是相同的。

自登基以来，刘欣虽然不沉迷于美色，但他确实是懂得怜香惜玉的人。一天中午，刘欣与董贤同榻而卧。刘欣醒了，董贤还没醒。刘欣想走，董贤压着他的衣袖，睡得很香。为了不搅扰董贤的美梦，刘欣抽剑断袖，悄然离去。这件事很小，却惊天动地，因为它衍生出了"断袖之癖"这个成语。

尽管刘欣和董贤互相爱慕，然而他们生活在礼法制度时期，两人无法光明正大地表现出来。刘欣身为一国之君，却无法表达自己心中对心爱之人的爱慕，着实很痛苦。而且，刘欣与董贤共坠爱河之时，董贤已有妻子，于是刘欣下令命董贤一家搬入皇宫居住。

爱情会使人盲目，也会令人变聪明。自从刘欣接董贤一家人住进皇宫，董贤就可以名正言顺地留在刘欣身边。爱屋及乌，刘欣不仅宠爱董贤一人，董贤一家都受到他的重视。自从他与董贤相恋，立刻封董贤的父亲董恭为关内侯，任命他为少府。他还在未央宫的北门外，给董家修建了一座超级豪华的住宅。

当年，刘恒宠爱邓通，送给邓通铜矿让邓通自己铸钱。现如今，刘欣为了表明自己对董贤的爱，将所有的金银珠宝都赠与董贤，吃穿用度都以董贤优先。他想用自己的实际行动告诉世人，爱一个人就要把自己的全部都给对方。而董贤的举动证明了，爱一个人就要接受对方的一切。

"生则同床，死则同穴"这句古话道出了相爱之人希望生生世世都能相伴相依的心。刘欣对董贤的爱可谓到了极致，他命人在义陵旁边为董贤修筑一座非常豪华的坟墓。看着董贤受宠如此，朝中大臣不免开始担心，生怕刘欣重蹈刘骜的覆辙，专宠董贤自绝后嗣，从而断送大汉的基业。

朝堂没有几个厉害人物，朝臣对董恭被封为关内侯没太大反应。前方没有伏兵，刘欣叫傅晏前来，说他想封董贤为侯，让傅晏看着办。傅喜走后，傅晏就是傅氏集团的大腕。为减少不必要的牺牲，刘欣给了傅晏一点面子。

刘欣给傅晏面子，傅晏却要里子。傅晏希望推倒王氏集团，然后傅氏集团独霸天下，王氏集团还没覆灭，董贤突然崛起成了最具威胁的势力。为了傅氏集团的利益，傅晏决定斗一斗董贤这只虎。

董贤封侯

自刘欣登基,他就如手持烫手的芋头,吃也不是,不吃也不是。愁苦缠身的刘欣因此身体不佳。这恰好是刘欣专宠董贤的原因之一,他发自心底地感谢董贤为他带来欢乐。所以即便他身体不适,仍然强自撑持,苦心谋划想为董贤封侯,这就是爱情的力量。

有志者,事竟成。老天看刘欣用心良苦,给了他一次机会。东平国首府无盐县有一座很神的大山,突然发生滑坡事故。滑坡不过是泥沙、石块纷纷而下,至多压死大汉百姓和毁坏庄稼。然而,这次滑坡很神,落下的沙石竟然平铺成一条大道。据说这条道路非常好,与秦始皇修的官道不相上下。大道旁自然立起一块大石,又平又滑,犹如一块石碑。用今天的眼光看,这块大石无非是一块断崖,华山断崖就是这样形成的。

对于没有任何科学常识,凡事求诸鬼神的古代人来说,这简直就是神迹。在古代,什么事都可能,只要敢想敢干。封国遇此瑞兆,东平王刘云的心就不正了。刘云带上娇妻,坐上马车,前来看望大石。心里有鬼的人总想遇上奇迹,刘云夫妇盯着大石看了好久,越看越精神。刘邦是一个流氓亭长,斩了一条白蛇后当皇帝了。刘云夫妇眼看大石,心里却在想其他事。

为了对天意表示回应,刘云命人在王府造了一座假山,很像滑坡那座山的一座假山。为了自己的私欲，刘云命人将大石搬回王府，整天焚香膜拜。古代社会是一个迷信的社会，但有很多迷信活动常人不能干，例如祭天。刘云将一块破石头当神拜，他自己别有用心，看到的人更加别有用心。

在遥远的远方，总有一个跟你息息相通的人，找到了是缘分；如果没找到，也不要悲伤，因为并非所有缘分都是好东西。刘云整天拜神拜鬼，河内郡的一个高人，名叫息夫躬，利用此事，想混一只金饭碗。英雄所见略同，在遥远的长安，有位叫孙宠的高人，也想利用此事，混一只金饭碗。天意使他们俩相识，他们两人一心，心同一理，合力通过中常侍宋弘之手，将揭发信送到刘欣手中。

刘欣自觉身体健壮，却整天都病恹恹的，便疑心有人行巫蛊之术害自己。造反之事，宁可信其有，不可信其无。为了自己的安全，也为了树立皇威，刘欣决定牺牲刘云，查他个底朝天。

刘云的妻子不争气，想做皇后，却没做皇后的胆。朝中派人调查，她胆都破了，将该招的招了，不该招的也招了。她说，焚香拜石，就是想咒刘欣早死，好让刘云当皇帝。顺便说一句，刘欣跟刘骜一样，还没生一个儿子。

古代的政治有一套唬人逻辑，刘欣按此逻辑行事，贬祸首刘云为平民，放逐异地。顺着东平王这根藤，处理了好些官员，让他们永不翻身。刘云的老婆没见过大世面，他也没见过。在放逐路上，刘云自杀。

天意都很"巧合"。刘云拜石案破了后，刘欣就想封董贤为侯。可董贤并无长处，空有相貌。刘欣为了如愿借封赏刘云一案的有功之臣，封董贤为侯，便宣布，欲封息夫躬和孙宠等告发刘云有功之人为侯。按常理论，刘云死后息夫躬和孙宠都被封官，此事已了。然而，刘欣却要再论功行赏一番。

对于身陷热恋的人，不能用常理推论，丞相王嘉就没按常理推论。刘欣说封息夫躬和孙宠等人为侯，这"等人"中，董贤之名就在其中。原来，中常侍宋弘为息、孙二人传递揭发信，可以算上一功。刘欣想封董贤，便将"宋弘"换成"董贤"，使了一招偷梁换柱。刘欣封孙宠为关内侯，王嘉不反对；刘欣想封董贤，王嘉第一个跳出来说不：这就是跟皇帝对着干。

王嘉是刚直不阿的人。王嘉，字公仲，在推举孝廉时，名列甲科，朝廷给了他一个守门的差事。可能他读书读呆了，只认衣裳不认人；恰好某一天某位官员穿便装，他拦门不让进；上头追查，将他贬了。有才不怕被贬，不久，有位高官请他打杂。摔了一跤后，王嘉学乖了，一路青云直上。

机遇总是留给又有才又乖的人的，汉成帝知道他才高，召他去宣室，咨询政事。王嘉命好，进入宣室，皇帝问政事；贾谊命苦，进入宣室，皇帝问鬼事。皇帝青睐有加，王嘉自此接连被提拔，先后做过郡守、大鸿胪、京兆尹、御史大夫。刘欣手上无人，王嘉才高如此，命好如斯，就让他当了丞相。

敢于坚持自己意见的王嘉，可以为了职位而不要命，这是敬业精神的最佳表现。然而，皇帝不需要敬业精神，皇帝喜爱马屁精神。刘欣将诏书给傅晏，傅晏看后心痛，但不敢说话。王嘉敢捅马蜂窝，傅晏便将诏书传给王嘉。王嘉在官场混了好些年，一看就明白了。

王嘉联合御史大夫贾延上书，反对封董贤为侯。王嘉不会作伪，奏疏写得更直白：我们知道皇上想封董贤为侯，封赏其他人只是陪衬，不用装了。我们不会作伪，就一句话，不同意封董贤为侯。如果说董贤揭发刘云有功，我们要看证据，需要原始材料。王嘉还威胁刘欣说，如果看了原始材料后，朝臣都不能反对封董贤为侯，朝臣只能认栽。一旦董贤被封为侯，假如他有什么三长两短，朝臣一定不会责怪刘欣。

其实，王嘉的所作所为是在提醒刘欣，旨在让刘欣想到当年受刘恒宠爱最后却贫死的邓通。可是，在刘欣看来，王嘉提醒是假，威胁皇帝、诅咒董贤才是真。为了封侯这样一件小事，王嘉摆明将自己的脑袋往刘欣的刀口上撞。王嘉决定硬碰硬，刘欣身为皇帝自然不会懦弱。

王嘉正直得近乎顽固，对于活在恋爱中的人只能哄骗，不能硬碰的道理，他并不懂得。硬碰硬的结果就是刘欣强制下诏，封董贤为高安侯，封孙宠为方阳侯，封息夫躬为宜陵侯。

天下是刘欣的囊中之物，封爵封侯完全看刘欣自己的意志。他在做决断的时候询问王嘉，不过是做做样子。

为了董贤，刘欣不惜激怒朝臣强行封其为侯。封人为侯是小事，重要的是刘欣打破了规矩。刘欣随意打破规矩，谁也不能保证他不会将皇位让给董贤。

一时之间董贤成为众矢之的。

董贤出击，傅氏陨落

众人矛头直指董贤，董贤只能抓一只替罪羊。未来的路还很长，为了走好，他决定先抓对自己威胁最大的人当替罪羊。董贤觉得，对他威胁最大的人，是傅晏；傅晏也觉得，对他威胁最大的人，是董贤。恰似宿敌重逢，两人都不达目的誓不罢休。

回忆往事，刘欣称帝后在傅昭仪的管束下，使出吃奶的劲，渐渐将王氏集团逼出长安。王氏集团撤军后，朝廷高官进行人事重组，傅氏势力陡然膨胀，就像一只大气球，高高飞在长安上空。品行最好的傅喜不喜欢政治，被傅昭仪打入冷宫。傅喜走后，傅晏就是傅氏集团中最有发展潜力的成员。曾记否，自刘欣准备封董贤为侯起，傅晏就想与董贤大战三百回合，一决高下。

作为男宠势力的最大代表，董贤一心研究政治，知道淳于长因迟出一招，被王莽打入大牢。董贤吸取前辈淳于长的教训，先发制人，说天空出现日食，不能说他是祸根，因为祸根另有其人，就是傅晏和息夫躬。狭路相逢，勇者必胜，董贤先出一招，占了两成上风。

自被宠幸以来，这是董贤第一次出招，而且是为了自身安全才出招，似乎很合情理。董贤说话，也不是胡扯，因为日食发生当天，恰逢傅晏准备领军出塞。懂新闻的人都知道，董贤红得发紫，成了众人关注的焦点。众人将焦点集中在董贤身上，自然顾不到某些正在发生的大事，甚至是正在悄悄地改变历史的大事。如果不是董贤反戈一击，边塞可能又要再起烽烟了。

自美女王昭君出塞和亲后，大汉的北方边境安静了三十年。从公元前33年到公元前3年这三十年里，大汉的军队没打过一次仗。公元前3年，嗅觉特别灵敏的息夫躬借匈奴单于称病不朝一事，想提升自己的政治身份。息夫躬想弄得热闹些，就找到无能但有身份搞热闹的傅晏帮忙，两人狼狈为奸，准备大干一场。

自王昭君和亲起，匈奴年年前来朝拜，但第十八任单于却突然称病不朝。息夫躬说匈奴在搞阴谋，怀疑乌孙国有叛将联合匈奴，准备造反。汉朝是乌孙国的保护国，乌孙国处在汉朝与匈奴之间。息夫躬引用"上兵伐谋，其次伐交"之言，建议刘欣出兵，先下手为强。息夫躬是一位会打政治幌子的高手，他的用词都是"怀疑""推断"等模糊词汇。

汉朝有三十年没打仗，息夫躬突然建议出兵，他的政治身份一定陡然提升。息夫躬言传身教，好多政治家都借用这一招，猛然提升身份。朝堂没有能人，但并非人人都是傻瓜。左将军公孙禄以身家性命担保，保证匈奴绝无二心。

陷入恋爱的人都想表现自己，大汉三十年没打仗，刘欣想破这个例。朝臣不同意出兵，刘欣单独召见息夫躬。息夫躬退而求其次，说即使不打仗，派一支军队到边塞，查查防御工事，检修军备，威震边疆也好。

夹在王氏集团和傅氏集团中间，刘欣觉得自己不是当皇帝，而是窝在风箱里当老鼠。树立皇威，刘欣做梦都在想。刘欣召见丞相王嘉，问他是否同意举行军事演练，王嘉一口拒绝，说息夫躬只会拍马屁，混淆视听。王嘉连续抬杠，刘欣实在忍无可忍。只要刘欣有机会，王嘉必死。

刘欣封董贤为侯；王嘉抬杠；刘欣欲发兵匈奴，王嘉一口否定。这样一下激起了皇帝的叛逆心理，非要硬来。但凡王嘉不想让刘欣做的事，刘欣非要做不可。如果王嘉知道政治是一门艺术，他早就该退出游戏了。皇帝都发怒了，丞相还拼死拼活，形如找死一般。

公元前2年正月初一，刘欣封孔乡侯傅晏为大司马，兼任卫将军；封阳安侯丁明为大司马，兼任骠骑将军。刘欣没有政治能力，竟然封了两位大司马，弄出了政治上的大笑话。就在这两个没有出息的家伙出军边塞当天，天上的太阳突然不见。太阳不见了，用专业术语说就是发生了日食。

正当众人对日食之意的解说纷乱之际，为了自保，董贤抓住这个时机，说傅晏和息夫躬蓄谋挑起战争，惹怒上天，激起民怨，因而发生日食。为了爱人董贤，刘欣罢免傅晏，将他踢出长安。董贤首次大战，在爱人刘欣的裁判下，勇夺冠军。

有的人被整死，有的人却被气死。傅昭仪大概就是被气死的。首先，她的对手是手握权力的王政君，无论如何，她都比不上；其次，她所领导的傅氏集团非常畸形，有能力的不喜欢政治，没能力的只有被人整的份。

正月十一，能见大场面的傅晏被踢回封地；正月十七，傅昭仪气绝身亡。王政君优雅地坐着，对手不战而死，这是政治斗争的最高境界。只有凤凰，才能进入此等境界。傅昭仪不过是落地的芦花鸡，跟凤凰斗了那么久，也算是能耐了。

孙子刘欣听话，傅昭仪更有福。傅昭仪死后，刘欣尊称傅昭仪为孝元傅皇后，还将她与刘奭葬在一起。王政君是汉元帝的正妻，因为其一直没有孩子，她便主张过继刘欣为自己的孙子。刘欣当皇帝后，一心打击王氏集团，将王莽踢出长安，此时的王氏集团如一个气球突然瘪了。刘欣说，生则同床，死则同穴，这多么恩爱；王政君说，生能同床，死不能同穴，这何等痛苦。

料理完傅昭仪的后事，刘欣借傅太后之名，封赏董贤两千户邑。到目前为止，刘欣对董贤爱意的表示，可是越来越过分了。刘欣爱董贤，又害怕别人看出来，可是他作伪的手段十分低劣，将一切都弄得欲盖弥彰。每次封赏董贤，他都要附加几个人作为陪衬，这次就附加上了傅晏的名字。傅晏被董贤挤出长安，如果他知道自己成为董贤的陪衬品，一定会气得撞墙而死。

第七章

盗国之路

历史的牺牲品

人类有一种很奇怪的现象，如果自己不能实现某些理想，就希望自己的后辈替自己完成。为了让自己的儿子当上皇帝，傅昭仪与王政君使出了浑身解数。不过，傅昭仪功夫不到家，被贬到定陶，从此贴上定陶的标签。儿子不争气，傅昭仪就将希望寄托在孙子身上。她亲自教养孙子，细心调教。皇天不负苦心人，刘欣最终打败短命鬼刘兴，赢得太子之位。在子辈实现长辈理想的意义逻辑上，可以说刘欣实现了他父亲的梦想。

傻人有傻福，刘欣无能，但奇迹总发生在他身上。他实现生身父亲刘康没能实现的梦想，已经是一大奇迹了；现在，他又准备实现养父刘骜所没能实现的梦想，封男宠为大司马。上天将刘欣这个一心一意的男人送给董贤，不得不让人感叹董贤祖上积德。刘欣废掉傅晏，又杀了王嘉，根本不理朝政，这一切都是为了董贤。他对董贤的宠幸已经打破汉朝皇帝的记录。

历代皇帝，都想长生不老，但他们的第一目的都是使自己能够不死，唯独刘欣例外。刘欣是皇帝中的另类，是一个深深陷入对董贤的爱中无法自拔的皇帝。刘欣想拥有长生不老的本领，不是为了他能长生不老，而是为了董贤。刘欣爱董贤爱得发疯，希望董贤能够长生不老。

可刘欣的身体一天不如一天，他似乎感觉到自己就要死了。他老爹刘骜想封男宠淳于长为大司马失败，刘欣就要完成他老爹的遗愿。此前，为了施行军事演习，刘欣封了两个大司马，分别是傅晏和丁明。董贤将祸根的帽子戴在傅晏头上，傅晏就被刘欣贬回了封地。刘欣听说丁明对王嘉之死有意见，便将丁明免职，贬回封地。

没有了傅昭仪，傅氏集团就算完了。王政君自恃身份，不跟刘欣争斗；王莽被定在封地，管不了长安的事。王氏集团没有强手与刘欣争锋，朝廷没有敢抬杠的家伙，刘欣开始做真正的皇帝了。他终于能够堂堂正正地坐在帝王宝座上，终于体会到生命的美好。可惜，应了那句"夕阳无限好，只是近黄昏"。自此之后，刘欣的身体一日不如一日。

哀帝元寿元年（公元前2年）十二月初六，刘欣下诏，任命董贤为大司马，兼任司录。司录是长安的卫戍司令，即刘欣将长安的安全交给了董贤。这一天，董贤才二十二岁。对比看来，王莽被封为大司马时已经三十八岁了。与王莽这位作伪高手相比，董贤这位大司马真的很年轻。如果董贤有石显万分之一的本事，也许王莽会死在他手里。可是，被刘欣如此看中的董贤，一无是处，可谓是天意。

此时的长安势力被三方占据。王、傅集团日渐削弱，董氏集团拔地而起。在长安闹市，无人不知董贤。董贤很年轻，未来的路还很长；刘欣也年轻，不过他的路却不长。

在让董贤担任大司马的这一年内，刘欣也享受了一年多清清静静的二人世界。他们俩生活得太平静和幸福，上天忍不住不去破坏这份安稳。元寿二年（公元前1年）六月二十六，刘欣弃董贤而去。刘欣之死，让董贤听到了死神的脚步声。失去依仗的董贤不由得发自内心地恐惧。

这时候，长安就是王政君的舞台，她立刻跳出来，将皇帝的玉玺收藏了。玉玺，是皇帝的代表，见玉玺如见皇帝。掌握玉玺后，王政君在东厢召见董贤。王政君很优雅，不去找董贤，而是召见董贤。如果傅昭仪遇上此等掌权大事，一定会跳进朝堂，对群臣指手画脚。王政君在东厢安安静静地告诉董贤该干什么，而不是跳进朝堂，这就叫高雅。

皇帝死了，该怎么办？王政君问董贤。董贤傻了，他不知道怎么办。面对若无其事的王政君，董贤跪倒在地，脱去官帽，一个劲儿地磕头，哭得满脸都是鼻涕眼泪。董贤哭泣，不是为恋人刘欣的死亡，而是因为畏惧。王政君越是淡定从容，董贤越是害怕。

政治阅历丰富的王政君已经成精了。她问董贤该怎么办，只是探探董贤有多大的能耐。董贤表现得一无是处，王政君就给他出了个点子，说新都侯王莽担任大司马期间，刘骜死了，丧事都是王莽办理的。

机会在大家面前，谁最厉害谁就是王。当年王莽担任大司马，将刘骜的丧事办得很好；现在董贤担任大司马，竟不知道怎么处理刘欣的丧事。皇帝死了，王莽却不直接站出来，而是要人三请四请，这就是作伪。傅氏集团倒了，刘欣死了，董贤是个草包，长安就是王莽的了。王政君召见王莽后，下了一道诏书，将调集军队的印信符节交给王莽，命令王莽处理朝臣奏疏。调集军队的大权交给了王莽，奏疏也交给了王莽，这就是让王莽行使一切权力。王莽终于等到了手握大权的这一天。

世人憎恶董贤的无能，王莽更恨董贤的无情。王莽说，刘欣生病期间，身为男宠的董贤居然没喂过刘欣一口药。这一条罪状很荒诞，然而，只要想想王莽是如何照顾生病的王凤的，就会知道王莽想说什么。王莽想说，董贤不配得到刘欣的宠爱。换而言之，和董贤相比，王莽才是真正的演戏高手，做到了善始善终。

罢免董贤的男宠身份后，王莽命人阻止董贤进入司马门。身为大司马，不能进入司马门，就像明明是人，却不能说自己是人。王莽的意思很简单，董贤该交出大司马一职。王莽想当圣人，即使整人，也不会直接下令。跟王莽玩政治，需要意会，不能言传。董贤不懂王莽的意思，他又玩对付王政君的那一招，脱去官帽，光着双脚，在未央宫门前大哭大喊。董贤此举，严重毁坏了王莽的声誉，王莽只能来明的。王政君下诏，罢免董贤大司马一职。当晚，董贤夫妇自杀。

董贤家人不敢声张，连夜草草将董贤夫妇葬了。第二天，王莽挖坟，开馆验尸，确认死者确是董贤。

王莽卷土重来

平心而论，王莽是一位实力非常雄厚的人。王莽生于贫寒之家，学了《仪礼》之后，无时无刻不扮演着儒生的角色，赢得众人赞赏。刘欣在位之时，他被贬回封地，整整三年与权势绝缘。可刘欣一过世，在无能的董贤的帮助下，他以胜利者的姿态重归长安。因为刘欣如刘骜一样未能留下后代，权力真空。在权力过渡之时，王莽的出现弥补了皇位的空缺，也使得他的理想终于有条件实现。

擅长作伪的王莽在他被贬的这三年里，声誉不降反升。为了声誉，王莽逼他的中子王获自杀，因为王获杀了一个家奴。历史再次重演，不同的是对于王立而言，舍不得孩子保不住自己。而王莽则是舍不得孩子，赢不来名声。这世上的东西当真是要一物换一物的。

刘欣当政期间，发生了一次日食，由此召回了前丞相孔光，同时也将王莽召回长安。由于王莽权势太大，刘欣不敢顺意委任他一官半职。自董贤死后，王政君让朝臣推荐大司马的适合人选。然而，朝廷此时最缺的不是大司马的位置，而是皇帝还无人当。由于刘欣没留下儿子，王位继承人是个最大的问题。可王政君偏偏让人先选大司马，很明显就是想让大司马擅权。

大多数朝臣认为王莽最适合做大司马。六月二十八，王莽被封为大司马，名正言顺地掌握大权。王莽掌握大权，不是因为他政治手腕高明，而是历史选择的结果。如果大汉此时出现一位能人，王莽就不能掌权。

王莽此次归来，是以重新复活的身份出现的，即今天的王莽不是昨天的王莽。第一次当大司马，王莽很听王政君的话；第二次当大司马，王政君在王莽心中的地位就有一点悬了。想当初，王政君叫王莽走，王莽不会留；王政君让王莽留下，王莽不会走。然而，今天的王莽长大了，王政君让他走，他不会走；王政君叫他别杀人，他不会同意。

此刻掌权，王莽要将三年的怨气给出完。当年，王政君想杀赵飞燕，耿育编造出一大堆歪理邪说，刘欣成了赵飞燕的保护伞，致使王政君一年多的努力功亏一篑。王莽负责调查刘骜的死因，最后赵飞燕没死，他恨她入骨。王莽说，赵飞燕妖媚得紧，迷惑刘骜，该死；赵飞燕杀害刘骜的儿子，下药毒害后宫美人，该死；赵飞燕支持尊称傅昭仪为皇太后，破坏宗法制度，该死。三个该死加起来，赵飞燕还是该死。死罪宣布后，赵飞燕被赶到傅昭仪住的北宫。一个月后，赵飞燕被贬为平民，发配为刘骜守墓。

对于一个女人来说，最可怕的日子莫过于无人理会。美人赵飞燕受不了坟墓外的孤寂生活，最终只能是自杀身亡。

至于想斗垮王氏集团的傅昭仪，王莽自然也不会放过。首先，傅昭仪通过硬抢活赖所得到的一切全被王莽剥夺了。王莽将定陶的标签贴回，改称傅昭仪为定陶共王母，改称丁皇后为丁姬。大人物做事，一定除根，王莽也不例外，他将傅、丁外戚成员全部免职流放。

傅氏集团中有一个另类，这人就是傅喜。傅喜不喜欢玩政治，政治也不喜欢玩他。王政君下诏，命傅喜为特进。大靠山刘欣在世时，傅喜不喜欢做官；靠山死了，傅喜更不喜欢了。傅喜不喜欢政治，但能看懂政治阴谋，知道特进不吉利。他不接受这职位，王政君便遣他回封地养老，此人是个妙人，及早地从政治当中抽身出来，也能得享了天年。

后宫稳住了,傅、丁外戚也稳住了,王莽的第三个目标就是董氏家族。刘欣为了表达爱意,将所有东西都送给董贤。董贤死了,王莽一要除根,二要抄家。除根就是将董氏家族全体免职流放,抄家就是收回刘欣所给予的赏赐。据说,王莽从董贤家中抄走的钱可以盖一座长安城。

明处的敌人都死了,暗处的敌人和潜在敌人自然也不能放过。曾经阻挠王莽的何武和公孙禄,也被王莽罢免。

权力欲望的膨胀

王莽大权在握后,欲壑难填。他吃定朝臣,何武和公孙禄不听话,被罢免了;吃定傅、丁外戚,全都被免职流放,清心寡欲的傅喜除外;吃定董氏家族,全都被免职流放,查抄董贤家产;吃定后宫,逼死赵飞燕。他以司马之位,左右着大汉江山。

长安落入了王莽手中,王莽便着手迎立新皇帝。大汉朝廷无能人,刘氏皇子更衰微。刘骜只有两个兄弟,一个是刘康,另一个是刘兴。刘骜爱刘康,刘康短命。刘骜生不出儿子,选立太子,在刘兴和刘欣二人中选择。傅昭仪教导有方,刘欣被选为太子。

相似的历史事件很多,相似的刘氏家庭更多。刘兴无能,也早死,留下一个儿子,叫刘箕子。刘欣没有儿子,他死后,朝臣都觉得应该迎立刘箕子。刘康和刘兴都没福当皇帝,但他们的儿子替他们达成了心愿。刘箕子只有九岁,仅凭这一点王莽就喜欢他。那是因为刘箕子年龄小,需要太后辅政。王政君辅政,就等于王莽辅政。哀帝元寿二年(公元前1年)九月初一,刘箕子登基,王政君临朝听政,王莽处理政府事务。这里需要特别说明,孔光仍是<u>丞相</u>。按照惯例,丞相负责政府工作,而不是大司马。事实上,政府工作交给了王莽,这也表明孔光是可有可无的。

掌权后的王莽,开始发挥他的创造力,实现改革家的梦想。为了迎接新时代，王莽改丞相为大司徒，改御史大夫为大司空，大司马保留。名字改变，工作性质不变，大司徒仍是管理政府事务，大司空负责监察，大司马掌握军权。从这一举措来看，王莽的改革与何武的改革没多大区别，都是改名字不改实际内容。王莽的改革创造性不大，属于假改革。

大腹便便的王莽，其专权的蛮横样谁看了都恶心。大司空是彭宣，负责监察。然而彭宣知道王莽有问题也不能说，于是他便辞职了。不能处理政府事务，看见别人辞职，孔光也觉得再干下去没意思，跟着递交了辞职信。

王莽刚刚掌握长安，老前辈纷纷辞职回家，这就是打王莽耳光，对王莽的名誉有损。王莽爱名誉就如王立爱金钱，他们两叔侄的欲望都很深。然而，王莽很聪明，知道获取的方法；王立很笨，总将事情搞砸。

孔光的资格很老，王莽不放走，命孔光当皇帝的老师。让孔光当老师，王莽真会想，既不损他的名誉，也不伤孔光的心。回想大汉历史，好多厉害人物都当过皇帝或太子的老师。让高手当老师，走到这一步后，进可攻，退可守。

现在的王莽，就像电影《东邪西毒》中的独孤大侠，因找不到真正的对手而被孤独感包围。自从王莽复出，他没遇上一个能够跟他对着干的高手，好不寂寞。王莽不费吹灰之力就搞垮傅氏集团，剩下的董氏集团更是不堪一击。而且三公之中孔光非常乖，何武和公孙禄有与王莽决斗的雄心，但没有实力。放眼长安，王莽独步天下，无人敢叫阵。

古语云，得民心者得天下。王莽收买人心只为一个目的——得到天下。走到今天，王莽这条不知足的大蟒蛇终于准备吞掉大汉江山，登基称帝。

作为一个聪明人，王政君很快看出了端倪。无奈之下，她只好答应封王莽为公爵。诏书颁布，王莽不接受，说应该先封孔光等老臣。王莽这么做，就是此地无银三百两，欲盖弥彰。想要某些东西，胡乱拉个陪衬，刘欣已经将这招用老了，明眼人一看就知道。

王莽不愧是作伪高手，王政君连封四次，王莽拒绝四次。按照常理推论，事不过三，三次后，王莽就要接受。然而，王莽总是喜欢打破常规，喜欢破纪录。王政君知道，但她辅助刘箕子，已经是骑虎难下。

王政君老了，只能委曲求全，迁就王莽。王政君第五次封赏，王莽突然称病在家。为了踢王立回家，王莽拿罢工威胁王政君。现在王莽真的罢工，王政君真的傻眼了。但她也是精通政治争斗之道的人，稍一寻思，就明白了王莽的意思。王政君封太傅孔光为太师，增加采邑一万户，还加封别的三个人。封完陪衬品后，王政君封王莽为安汉公，增加采邑二万八千户。王莽找不到对手，能遇上王政君这半个知己，已经很幸运了。

要理解今天，应该多读历史；要理解王莽，更应该多读历史，尤其是周公时代的事。周朝有一位大功臣，人称周公。周公是大贤人，不仅儒家推崇他，而且历代君王也格外推崇，甚至就连造反的人对他也颇为敬佩。王莽最是推崇周公。在周朝，有三公，分别是太傅、太师、太保。孔光被封为太师，王莽被封为太保，可见安汉公志向不小。王莽相信只要有足够的欲望，他就能够权倾朝野。王莽的欲望远非一个安汉公就能满足的。

王政君封赏孔光等人为王莽衬托后，王莽接受封赏开始上朝。王莽不爱钱，不要二万八千户邑的经济赏赐，说等大汉百姓生活好了才领受。他几次推辞，最后只要名，不要利，真是作伪高人。

政治悟性很高的王政君能会王莽的意，但她的反应太慢，居然让王莽接连推辞了五次。对于王莽这种干大事的人而言，时间比生命宝贵。为了更快地达到自己的目的，王莽决定向王政君发动第一轮权力争夺战。王莽授意朝臣，让朝臣奏请临朝听政的王政君将任免、提拔地方官员的权力交给王莽。

　　这一年,王政君七十二岁了,她已经没有精力同王莽抗争。于是,她批准朝臣奏请,将政府事务交给王莽,把任免、提拔官员的权力也交给王莽。从此,王政君就是一个手握玉玺、徒有其名的闲人。

　　"周公吐哺,天下归心",王莽迫不及待地等待着么一天。他恨不得手中所握的权力再大一点!

政治婚姻

凭着外戚身份，王莽一路盘旋攀升，自然知道"外戚"二字意味什么。傅昭仪差一点将王氏集团搞垮，幸好她早死，刘欣又短命，王莽才能东山再起。前事不忘，后事之师，为杜绝他姓外戚进入皇权范围，王莽决定将刘箕子牢牢控制在掌心。

登基的时候，刘欣将定陶的老家一起搬到长安。而刘箕子登基时才九岁，没能力将外戚带进长安。王莽告诉王政君，说外戚专权坏事，破坏朝纲，扰乱人伦，以傅昭仪为代表的傅氏家族就是典型。王莽的深意是，刘箕子登基，千万不能让刘箕子的外家干政。

王莽太会做戏了，他的话必须经过意译才能让人了解明白。傅昭仪在世时死整王氏家族，总想与王政君平起平坐；死后仍不甘心，连王政君的墓地都给抢了。王政君知道外戚的厉害，同意王莽的请求。刘箕子的外婆家姓卫，他的母亲是卫姬。王莽派人到中山国，封卫姬为中山孝王后，封卫姬的两个兄弟为关内侯，封刘箕子的三个妹妹为"君"。现在解释一下"关内侯"，它相当于准侯爵，有名无实，即有封号，没待遇。

分封卫氏家族，王莽只为一个目的，让他们乖乖地待在中山国，没事别乱跑。王莽对待卫氏家族，就像大人对待小孩子。如果大人在忙正事，总会对小孩子说，乖乖地待着别乱跑，如果不听话，就要被

馮乾度

汉光武帝刘秀

打屁股。

登基两年了，大汉百姓没见刘箕子办过一件实事，所有的事都是王莽代为处理。登基两年后，刘箕子十一岁。事实证明，领养孩子越小越好，培养感情越早越好。

国家动乱，多数原因是皇帝无子——王莽如是说。皇帝的继承人关系天下百姓安危，朝臣应该重视；刘箕子十一岁了，应该选立皇后了。平心而论，太子确实是天下百姓的根本，如果皇位的继承人出现问题，天下真会大乱。王莽能够东山再起，独步长安，一个原因就是刘欣专宠男子，没留下子嗣。

选立皇后，应该从天下选择。如果说从天下百姓人家中选择是虚话，也应该从达官贵人家选择。然而，皇后人选花名册上，姓王的人很多。这就意味着王氏集团垄断了嫁女给皇帝的权力，想当年吕雉就曾玩过这一招。

正当王政君要从花名册上选人之际，王莽突然说，他女儿才浅德薄，不能辅佐皇帝，请求弃权。王莽要求选立皇后，自然希望他女儿被选上。他突然弃权，让王政君很害怕，她仔细想在什么地方得罪了王莽。王莽很会作伪，别人得罪他，他不直说，而是让别人去想；他也不说想要什么，只是稍微示意，然后让别人去想。天下之人，王莽最难对付。

万幸，王政君居然能领会王莽的意思。王政君下诏，说既然功勋盖世的安汉公之女弃权，王氏女子就不配入选。诏书颁发后，天下人都知道王莽有个能够入选为皇后的女儿，纷纷齐集未央宫门口，静坐请愿。王莽善于制造流言，略施小计，他女儿的人气顿时飙升，成了百姓心目中的皇后。

百姓请愿，万人称颂，这是王莽最想看到的局面。百姓请他嫁女，他欣然答应。王政君派长乐少府、宗正、尚书令三大部门高官，奔赴王家考察王莽的女儿。政府高官出动，还是为王莽造声势，这就叫作伪。三部门的人觉得王莽的女儿很好,就像王莽,天下无双。选立皇后对社会造成的影响,比选立刘箕子为皇帝所造成的还大,这就是王莽的功劳。

事实证明,王莽留下老古董孔光很有用。孔光在神坛前卜了一卦,说刘箕子迎娶王莽的女儿十分吉利,两个娃娃是天生一对、地造一双。很难说他们是否真是天生一对,只知道他们是王莽撮合的,不是地造的。

在当今社会,娶媳妇很看重礼金,在古代也一样。朝廷给王家两万斤黄金的聘礼,折合下来有二万万钱。这个聘礼有多少呢?吕雉规定,皇后的聘礼是黄金二百斤和十二匹马。朝廷拨两万斤黄金为聘礼,相当于迎娶一百个皇后。王莽功高势大,这不是他敲诈国家,而是国家贿赂他。王莽不爱钱,只收六千三百万,再从中拨四千三百万送给王氏集团中的贫困人家。王莽嫁女儿为皇后,实际收纳朝廷两千万钱的聘礼。他借机送王氏集团中贫寒人家钱财,这叫借花献佛。如果按照今天的逻辑,肯定会有好多达官贵人,借王莽嫁女儿的机会,大送礼物给王莽。如果估计没错,女儿的婚事办完后,王莽富可敌国。

来自儿子王宇的反抗

舍不得孩子套不住狼,为了名声,王莽舍得逼死儿子王获;为了权力,王莽舍得女儿。对于婚姻而言,如果没有感情,两个人相处会很痛苦;如果彼此是为了利用对方才结合在一起,婚姻会很疲惫;如果一方被迫而娶,另一方被逼而嫁,这样的婚姻就是罪孽。刘箕子已经有十多岁,开始懂事了,王莽女儿的年龄和刘箕子相仿,也知道她父亲是怎样的人。这两个孩子不能掌握自己的命运,他们只是王莽心愿的牺牲品。一般人都会成为权力的牺牲品,这很悲伤,却很普遍。

王莽要嫁女儿了,就要成为皇帝的岳父了。皇帝的岳父,换另一种说法是国丈。王莽再次登高一步,百官纷纷前来道贺,表达内心诚挚的祝福。王莽嫁女儿,是应无数人的邀请的。声誉一天比一天隆,美名一天比一天传播得远,王莽很高兴。人逢喜事精神爽,他的生活一天比一天舒心。王莽的女儿嫁给刘箕子为皇后后,王氏家族就有两个皇后了,另一个是王政君。

喜事家家有,王家特别多。可是,就在即将大摆宴席之际,王家后院起火了。后院起火,不是天灾就是人祸。王莽不像吕雉,干了很多伤天害理的事,天灾不会发生在他身上。后院起火,通常被比喻为内乱,意思是有内鬼。王家可能祖坟积德,养出一个很正直的儿子。导致后院起火的,就是王莽的儿子,其名叫王宇。

知子莫若父，同理，知父莫若子。王宇人品不错，脑子很简单，但是厚道正直。王宇看不惯王莽作伪，认为王莽伤天害理。为了弥补王莽所造的孽，他决心反家庭，反王莽。反抗家庭的人，有的人能成功，有的人却失败，这不仅是人的不同，更是时代的不同。

蒯通说，人人想当皇帝，都喜爱权力，卫氏家族也这么认为。曾记否，为了稳固自己的势力，王莽命令卫氏家族乖乖地待在封地别乱动。物不得其平则鸣，哪里有压迫，哪里就有反抗。王莽压迫卫氏家族，卫氏家族就要反抗。反正横竖都是死，为了权力，为了明天，为了子孙后代，刘箕子的舅父卫宝决定拔剑挥向王莽。

通过一个偶然又不可错过的机会，卫宝遇上军师王宇。卫宝无计可施，王宇告诉他，想斩王莽就要先去长安，除此外没有其他办法。要进长安可以，但是不能偷偷摸摸地爬进去，要光明正大地走进去。王宇这一招，学他老爹的，先造势。古语云，以其人之道还治其人之身，王宇懂这一招，有前途。倘若王宇能够得到高人的指点，必定前途无限，只不过他生错了年代。唯一的高人王莽在王宇眼中不过是个品行低劣的人，就算王莽是他的父亲，王宇也不屑于拜其为师。

就这样，王宇献计，同卫宝和卫姬密谋了以打败王莽为目的的行动。此事事关重大，稍有不测，参与者必定被处死。卫姬上书，痛骂傅、丁外戚集团，扰乱朝纲，败坏人伦，罪大恶极，保证卫氏家族绝不以他们为榜样。潜在对手表白忠心，为了彼此的脸面，更为堵住对方的嘴，王莽封卫姬七千户采邑。卫姬起事，目的是进驻长安，决不能半途而废。王莽想用糖衣炮弹敷衍，军师王宇便命先锋卫姬使出女人一哭二闹三上吊的绝招。

王莽不是刘骜，不吃女人的绝招。卫姬每次上书求见刘箕子，王莽都用糖衣炮弹敷衍。女人的绝招不管用，军师王宇就使出杀手锏——男人的绝招。王宇找来老师吴章、妻子吕焉和舅舅吕宽，准备玩一次天灾。

陈胜、吴广反秦，借用天意；王嘉想杀董贤，借用天意；王宇想取老爹而代之，也要借用天意。而吴章却出了馊主意，泼血在王家大门，想借此吓唬王莽交出大权。王宇将泼血的重任交给怀孕的妻子，然而吕焉手忙脚乱，在泼血时被抓了。

　　为了名声，王莽曾经逼儿子王获自杀；王宇想整他，他自然不会饶恕。王莽是爱造势的人，想借此震慑胆敢反对他的人。王莽顺细藤，摸大瓜，将反王莽集团全部抓捕入狱。王宇壮志未酬，身先自杀。吕焉在监狱里生了孩子后，立刻被王莽处决。卫氏集团中，除了刘箕子的生母卫姬外，全部被斩。

　　此事之后，王莽想起了他早看不顺眼的王立。当年，为了踢王立出长安，王莽第一次和王政君闹矛盾。王莽觉得，有些人早晚都要被整死，为了千秋大计，他要玩一次大清洗。王莽借后院起火一事，抓捕王立入狱。为了逼死王立，王莽派人日夜监视他，让他没有一丁点自由。贪污犯王立不能吃苦，在大牢中自杀身亡。

第八章

王氏帝国的崩溃

覆巢之下无完卵

刘箕子九岁登基，王莽为他选媳妇时他十一岁。十岁左右的孩子，正是长身体、长记忆的时候。因为王家后院起火一事，王莽突然将与刘箕子有关的所有人，除了卫姬，都给杀了。王莽杀的刘箕子的亲人，少说也有几百人。王莽屠刀一横，刘箕子幼小的心灵上就留下了一道终生难忘的伤疤。

刘欣是权利夹缝中的皇帝，刘箕子是王莽刀下的皇帝。一旦王莽不高兴，刘箕子就可能一命呜呼。刘箕子不能当不高兴的皇帝，他必须对王莽笑，就像玩偶对主人笑。王莽杀了刘箕子的家人，刘箕子更要对王莽笑。如果有一天，刘箕子耍皇帝脾气，让王莽不高兴了，他的死期就到了。覆巢之下，没有完卵，这是真理。

平帝元始四年（公元4年），二月初七，大司徒和大司空率领皇家迎亲队伍，一路声势赫赫，前往王家迎娶皇后。刘箕子娶了仇人的女儿，还要高高兴兴地和她洞房，还要大赦天下以表示内心的高兴，真是作孽。

王莽不喜欢安静，喜事刚办完，王莽又策划了一出集体请愿的大戏。他命王舜召集朝中官员和一些贫民，在未央宫大门前，向王政君请愿封赏大司马王莽。就这样，一出由王莽自编自导自演的大戏开场了。

历史总是带有欺骗性的，很少有人能够摸清看透历史的真正意义。王莽比历史还复杂，如果不用心，真的不知道王莽想做些什么。大批队伍在未央宫门口请愿，年老无力的王政君只能封赏，她下旨封王莽的两个儿子为侯，再追加迎娶皇后的聘礼三千七百万钱。

朝廷封赏，王莽又说不要。王莽总是说不要，王政君心里烦得要死。她真的老了，没有能力了，管不住王莽。自从王莽复出起，王政君这个太后就形同虚设，王莽不会正眼瞧她一下。办一般事情，王莽假意请示王政君，例如不允许卫氏家族进入长安；办更高一等级的事，王莽不同她商量，而是让她猜，例如选立皇后之事；办理再高一等级的事，王莽先斩后奏，如抓捕王立。

面对再三推辞的王莽，有一个人跳了出来。那就是孔光，发散他政治生涯的最后一丝光芒。孔光说，王莽日理万机，功劳盖世，独一无二，无论封赏什么，都很少，就像拿蚂蚁的口粮喂大象。孔光说得很对，对王莽而言，无论封赏什么，都非常小。王莽心心念念的是大汉的基业，无论是银两还是珠宝都无法满足他的胃口。

王莽接受封赏后，孔光上书，奏请回家养老。孔光的政治生涯既曲折又艰难，在政治生涯的中点，他转了一个大弯，甚至同往昔背道而驰。前期的孔光耿直刚正，因正直被贬后，领悟圆滑权变的道理。后期的孔光圆滑权变，很合王莽心意，一直被留在朝廷。纵观孔光一生，对国家没有大功劳，但有苦劳。

孔光在家休养一年后，于当年的四月初一，寿终正寝。在王莽的政治生涯里，孔光是一位很配合工作的人。为了表示对同僚的追思，王莽给孔光办了一个很盛大、很隆重的葬礼。送孔光上山的人很多，仅马车就有一万多辆。

风光大葬了孔光后，天下百姓再次齐集长安，如潮水般纷纷涌向未央宫大门。将近五十万人为王莽请愿，这只能说，他真的得到了民心。这样犹如神迹般的一幕被班固记录了下来。

未央宫门外人山人海，王莽的心也翻搅如海。众人为王莽请愿，王莽埋头改造九锡。他很厉害，总想让百姓歌颂他，让历史记住他。王莽熟读《仪礼》，知道九锡的意义。《礼记》记载，九锡指车马、衣服、乐、朱户、纳陛、虎贲、斧钺、弓矢、鬯。九锡是帝王赏给大功臣的重要事物，需要功高劳苦认如周公才能享用。

王莽想要九锡，更想要自己创造的九锡。经过一番辛苦，王莽的新九锡包含如下物品：绿韨（遮蔽膝的彩绸），衮冕（龙帽）、衣裳（龙袍）、瑒琫（刀柄装饰璧玉的佩刀）、瑒珌（刀鞘上装饰璧玉的佩刀）、句履（鞋尖上翘的御鞋）、鸾路（帝辇）、乘马（四匹骏马）、龙旗九旒（有九个尾梢的龙旗）。

王莽接受封赏已经有模式可循了，且不说他的几推几让了。公元 5 年五月，王莽正式接受九锡。接受九锡，身份就相当于周公。王莽穷其一生做梦都想成为周公式人物。如今，愿望实现了，他又感觉无聊了；为了消遣无聊，他再迈一步，大踏步向更高一层级的欲望前进。

走向欲望的王莽，就像小孩子走路，踏地声越来越响，步子越来越大了，非常豪迈。王莽的胆子更大了，刘箕子的年龄也大了。孩子长大是好事，皇帝长大未必就是好事。皇帝长大了，懂事了。对于无权的皇帝而言，懂事必然不是好事，做对事才是好事。几十万人如一支浩荡无敌的作战军团，同时聚集长安，大声为王莽请愿。请愿队伍声势这么大，即便王莽本身胆小如鼠，有了民声的支持他也变得胆大包天。

刘箕子渐渐懂事了，也开始说错话，或者做错事了。为了权力，王莽毫不犹豫地杀了两个儿子；为了权力，王莽同样不在意牺牲刘箕子。冬至的这一天，王莽送刘箕子一杯椒酒。据说椒酒能驱邪辟鬼，刘箕子很希望驱邪辟鬼，仰头就喝。

话说刘箕子喝完后，世界就将他抛弃了。刘箕子驾崩，时年十四,他死在一个很有成长希望的年龄。刘箕子死了,王莽的女儿守寡,这证明他们不是天生一对,更能证明孔光的荒谬。皇帝突然驾崩,朝廷一定立案调查,只是这次毫无结果。倒不是真的没有结果,而是没人敢调查。

王莽为刘箕子办丧礼,大赦天下,命汉朝六百石以上官员为刘箕子守丧三年。

迷信的人认为,遇见丧事不吉利。王莽的经历告诉世人,遇见丧事不要惊慌,应该沉着应付。因为一个人的死预示另一个人的生。刘骜死后,王莽负责办理丧事;刘欣死后,王莽还是负责办理丧事;儿皇帝刘箕子死后,王莽同样负责办理丧事。刘氏皇帝一个接一个地死在王莽眼前,王莽会想,刘氏衰微,时机就要到了。

国无能主，王莽摄政

刘氏垄断了几百年的皇权，有野心的人看得眼红，无能的人等得心酸。王莽埋葬了三个皇帝，三个皇帝都没能留下子嗣。刘骜过继刘欣为儿子，刘欣登基时正是青壮年，差一点就能够驱除王氏一族在野的势力。可惜的是，称帝后的刘欣一心沉迷酒色，还没选立太子就死在壮年，为王莽进入权力的殿堂打开了大门。王莽趁此天赐良机，剪除异己，最终独霸天下。

短命而死的刘箕子没有留下任何子嗣，为了大汉的江山，王莽只能迎立其他人为皇帝。王莽遭遇过刘欣登基后的反面教训，享受过刘箕子登基后的正面经验，知道他应该迎立年幼的皇帝。在王莽的心里，皇帝越年幼越好，最好是遗腹子。

安葬刘箕子后，王政君下诏选立皇帝。王政君活了很久，她的老公刘奭一脉却后继无人，真是悲哀。刘奭后继无人，不能怪王政君，也不能怪刘奭，只能怪刘骜和刘欣。刘箕子还未成就被毒死，是受害者。对皇室家族而言，什么都不缺，就缺血脉。血脉的连续性，深刻地影响一个王朝的发展。

刘奭一脉断绝，朝臣翻阅刘氏家谱，追溯到刘询的曾孙。在这一辈人中，有五位亲王、四十八位列侯。王莽听到有这么多候选人，心都凉了。他不是担心人多不好选，而是害怕选中成年人当皇帝。不过没关系，王莽大权在手，他可以随便破坏规则。游戏场有两种人，一种只能遵守规则玩游戏，另一种一边破坏规则一边玩游戏。前一种人没权，后一种人只手遮天，王莽就是后一种人。

王莽说，刘骜规定，同辈人不能先后当皇帝，即如果哥哥当皇帝，弟弟就不能当。在古代，皇位的继承有两种方式，一种是兄终弟及，另一种是子承父位。兄终弟及指皇帝死后，由他的兄弟继位；子承父位指皇帝死后，由他的儿子继位。刘骜规定同辈人不能先后当皇帝，朝臣只能从汉宣帝的玄孙中选。

在权力继承的关键时刻，上天又帮了王莽一把。汉宣帝有二十三个玄孙，二十三个都没成年，有的甚至还是婴儿。为了明天，王莽决定当一次皇帝爸爸，选立刘婴为皇太子。王莽选立刘婴为皇太子，意思就是让刘婴当皇帝。如果说刘婴不能当皇帝，那一定是因为王莽想当。

时代变迁，王政君老了，她无法适应王莽掌权下的朝廷。面对这样一个阻力，王莽决定将王政君踢下自己驾驭的权力马车。王莽是制造流言的高手，王舜则是天生传播流言的好手，他们两人搭配，天下无敌。王舜去找王政君，告诉她一件事，北长安郡上了一道奏章，说发现了一块很奇异的大石，大石上刻有"告安汉公王莽当皇帝"几个字。

王舜看着王政君，王政君看着王舜，彼此都默然无语。在王政君眼里，眼前站立的仿佛是昔日的王莽，那时的王莽很听她的话。她要王莽辞退，王莽毫不犹豫就辞退；她要王莽留下，王莽二话不说就留下。然而，物是人非。此时王政君看着王舜，仿佛看到摄政的王莽。一旦王莽摄政，王舜就会被封官加爵。没有人是天生注定要成为别人的帮手的，王舜很有成为帮手的潜质。

见王政君失魂落魄，王舜马上安慰，说王莽只想摄政，不会称帝。无权无势的王政君只能相信，也只能屈服。在王政君心里，摄政与当皇帝没区别。她摄过政，知道摄政就是行使皇帝的权力。看着王舜离去的背影，王政君仿佛看到大汉王朝的末日。

公元6年三月初一，王莽立刘婴为皇太子。刘婴被立为皇太子的诏书一下，王莽之心，天下皆知。王莽想当皇帝，别人也想；王莽想行使皇帝大权，别人更想。为了权力，刘氏子弟率先大举义旗，高呼讨伐王莽。

名誉对于王莽而言，其重要性不亚于生命。因为正是名誉使他步步高升；一旦王莽自毁名誉，名誉也会置他于死地。获得好名声很难，招致坏名声却很容易。就这样，王莽背上篡位的名，成为了众矢之的。第一波义军的到来，是对王莽实力的考验。

刘氏宗室安众侯刘崇伙同相国张绍商议造反，引发第一波义军。刘崇有雄心，但行事全凭血气，成不了大气候。他率领封国境内的人，雄赳赳地攻打宛县，结果被王莽大军碾为齑粉。死了行事莽撞的人，人们会为他们感到悲哀，而不是为他们默哀，翟义就是持这种观点的人。

翟义是枉死鬼翟方进之子。看到翟义，令人不禁想起翟方进的无辜枉死。翟方进不是昂然走向长安的菜市口，也不是凛然走上断头台，而是无可奈何地结束自己的生命的。在刘骜统治的时代，被活活逼死的人不多，其中翟方进之死最为特殊。

吸取了刘崇的败亡经验，东郡郡长翟义秘密传书刘氏子弟，邀请他们结盟造反。翟义的上司刘宇，即东郡都尉，与严乡侯刘信、刘信之弟武平侯刘璜商议，决定在九月起兵。九月是好月份，因为九月可以训练民兵。借训练民兵之机，翟义广招军马，径直向长安进发。

翟义大军开动，东平王刘匡领军紧随。刘匡很有野心，认为王莽将被一举歼灭。一旦王莽被义军歼灭，长安就是他的。他将封国的军队交给翟义，条件是翟义拥立他老爹刘信为帝。刘匡之举表明，起义的并非都是居心纯正的人。改编法国罗兰夫人的一句话：诛杀国贼，多少人假汝之名誉而行。

翟义生就一身正直大气，他出兵的目的只为消灭王莽，不管谁当皇帝，于是很快接受刘匡的条件。王莽爱造声势，翟义就将声势造得特别大。翟义自封为汉朝大司马，传檄四方，呼吁百姓参加义军，共同诛杀国贼王莽。翟义以他的行为告诉世人，什么是真正的起义。翟义能跟刘匡合作，可见他比翟方进知道轻重缓急。

到达阳郡（今山东金乡县西北昌邑镇）时，翟义声所率的义军兵力已有十万。

爬上权力的巅峰

王莽在政治界独步天下依靠的是他的权谋。人有所长，必有所短，军事就是王莽的短处。王莽力求得到民心，全因害怕失去民心。在王莽的思想意识里，从未出现过战争的干扰。崇尚周公的治理，又身在和平的年代，王莽根本不知道战争为何物。

义军刚刚造反时，王莽的反应很像秦二世，他认为天下安康，百姓不会造反。直到义军如山崩般震动长安城，朝臣纷纷上书，王莽才觉悟。他从未想过的事情到底发生了。自认为深得民心的他，一夜之间成了众人唾骂诛杀的对象，王莽很迷茫。

静静地等待时间流逝的王政君，期待着历史给出的最后答案。她再也没有力量去干涉整个事件的发展，不过作为同样时代洪流中的一个人，她渴望知道最后的结果。对于已经伤心过度的王政君而言，结果只是一个事件，一个不掺杂任何人类情感的历史事件。

义军势大，王莽手上没有勇挡万夫的将军，因此他连封七个将军。就战争而言，王莽深信人多力量大，他认为七人足以挫败义军。王莽的政治理想是赢得民心，受民景仰。他很爱惜民心，人多力量大的想法来自王莽的民心观念。这次，王莽将政治观念嫁接到军事战略上，却不将政治权谋用到军事上。从这点看来，王莽很是失败。作为一个爱惜民心的人，他的所作所为恰恰是在一步步地践踏民心。看来真实的王莽除了玩弄权术,一无是处。

因为义军都是关东人,为防止军队倒戈,王莽禁止关东人担任将领。七位将军领军迎击义军后,王莽又任命三位将领,命他们分别驻守函谷关、武关和宛县。这三个关口是保卫长安的三道防线,函谷关离长安最近,宛县距长安最远。刘崇势单力薄,他率领的第一波义军就是败在宛县。

失去民心后的王莽,面对着百姓的内外夹攻。迎战义军的部队刚出发,京畿地区立刻发生内乱。懂得利用时机的人都会想,王莽派遣大军出战在外,长安兵微将寡,如果及时起义,王莽一定守不住皇宫。赵朋和霍鸿正是因为看破了这一点,才顺势起义想借机发财的。这倒不能怪他们,想当年汉高祖刘邦也曾利用天下大乱,顺势起兵。顺势起兵的人越来越多,义军的队伍也逐渐壮大。

朝廷大军作战在外,赵、霍义军遇到的阻力很小。很快他们二人率领的义军势如破竹,接连攻下二十三个县。翟义所领导的义军势大,但只是手足之患;赵、霍军势小,却是心腹之患。一旦义军攻入长安城,王莽只能面对失败的惨状。

心腹患大,真是火烧眉毛。王莽急得连忙派卫尉和大鸿胪领兵出城,命他们死力攻击赵朋义军;又命骑都尉和城门校尉严守长安城,不让闲杂人随意进出。王莽视皇宫为老家,派人严密巡逻。

王宇的老师吴章分析有理,王莽还是敬天畏神的。就在义军内外夹攻之时,王莽抱着年仅三岁的皇太子刘婴,气急败坏地前往刘家祖庙。他指天为誓,极力证明自己并不想当皇帝。王莽说,他所做的一切都是为了保护刘氏祖业,绝无二心。为了安抚百姓激愤的情绪,王莽传书四方诸侯,告诉他们刘婴很安全,他没伤刘婴一根毫发。

上天再次站在了王莽一边。就在王莽即将败亡的关键时刻,王莽军大败翟义军于陈留郡。翟义十万大军,竟然不堪一击,只能说是天意。义军失败,翟义即刻被捕,最后被五马分尸了。想当皇帝的刘信则趁乱逃亡,不知所踪。为了大汉基业满腔赤诚的翟氏父子,先后为国牺牲,实在是可敬!

最大的义军被剿灭后,赵朋这等专门依靠投机存活的小角色更是不堪一击。俗话说人逢喜事精神爽。转危为安的王莽此时更是锐气当头,他派出几支大军,将赵朋义军活活挤死。主要势力被消灭后,王莽花费两个多月,彻底铲除义军。

义军四起,确实非常惊险。平定下来后,王莽坚信大难不死必有后福。为了后福,他决定大干一场。王莽愈发相信他才是顺应天命应该当皇帝的人。

王政君看着义军兴起和衰落,着实百感交集。正当王政君感慨之际,王莽呈上一封奏疏,说剿灭义军后,四处出现祥瑞;祥瑞接连出现,是天意使然;王莽功比周公,将不再用摄政年号,而是直接掌握政权。王莽表示,待刘婴长到二十岁,他就交出政权。王莽说等刘婴长到二十岁,但刘婴哪天死,只有鬼才知道。

王莽摄政期间,天下到处都是灾难,到处都是祥瑞。不能时光穿梭,很难判断是灾难多,还是祥瑞多。但是,义军四起,即使没有天灾,人祸也不小;即使有祥瑞也早就被踏平了。无论灾难还是祥瑞,受尽苦头的总归是忠厚老实的百姓。

公元8年十一月二十五日,王莽前往刘氏太庙祭祀,接受加冕典礼;接着,王莽颁布诏书,说祥瑞接连出现,预示他将登基称帝,甚至就连汉高祖刘邦也同意他即位。王莽此言甚是荒谬,他的这些奇谈怪论和耿育当年的论调真是半斤对上八两。

公元8年十二月初一,王莽登基称帝,建立新王朝。

王莽所做的一切,只是为了证明他获得皇权上顺天意,下合民心。然而,独掌大权、只手遮天的王莽,很有自说自话的嫌疑。纵使百姓有眼,也有口难言。为了争取民心,证明自己的合法性,王莽决定抢夺王政君手中的玉玺。

刘欣死后，为防止董贤擅权，王政君在第一时间将玉玺抢到手。自抢到玉玺起，玉玺从没离开过王政君。王莽登基称帝，只有玉玺在手能证明他是被禅让的。简单来说，如果王莽没有玉玺，他就是篡位，就是盗国贼。为了皇权，王莽费了九牛二虎之力，只差最后一步了，无论如何，他都要走到终点。

自王莽掌权，王舜就是连接王莽和王政君的桥梁。为了少伤感情，王莽又派王舜去向王政君要玉玺。这不是王舜第一次逼迫王政君，对付王政君，王舜已经总结出经验了，即用很好听但很有威慑力的话晓谕。王政君也不是第一次遭遇王舜，一见到王舜，她就条件反射：第一时间拒绝，第二时间沉默，第三时间顺从。

王舜拿走玉玺，王莽爬到权力的顶峰！

梦想中的天朝大国

王莽自编自导了一场应天意、顺民心的大戏。他的所作所为可以说是前无古例，后无来者。在历史的舞台上，真正的主角是人民。可是，王莽自始至终站在聚光灯下。陪着王莽做戏的官员，生动形象地演绎了食人者、牧人者、治人者。也许有人憎恨他们无能，阻挡了历史前进的车轮。那是因为我们看不清他们背后的大汉百姓，看不到他们光鲜的衣衫背后，生活在最底层的百姓们所过着的凄惨生活。

称帝后的王莽，下定决心开始大刀阔斧地改革。皇帝改革是改良，不是革命。改良就要从上层建筑着手，慢慢发展，最后改变下层经济制度。王莽改良，先改政治，第一刀砍向政府机构。举一个例子，王莽改大司农为羲和。大司农管理农业，相当于农业部长，王莽改名字为羲和，管理内容不变。"羲和"二字来源于周朝，因为王莽想回到周朝。一般而论，如果只改名字，不变内容，属于假改革，成不了大事，也坏不了事。然而，王莽复古心切，一改再改，百姓就受不了了。再举大司农为例，王莽将它改为羲和，百姓还没适应，他又改为共工。别说百姓不能适应，朝臣都被王莽给转晕了。

政府政策讲求前后一致，互相协调，否则无法施行。王莽朝令夕改，使得百姓根本记不住各部门的名称。再以地名为例，王莽将一个地名接连更改几次。如此一来，如果大汉百姓写信，不特别注明地址，信根本无法送达。王莽改革的出发意愿很好，但是却用错了手段，结果只能是搬起石头砸自己的脚。

第一刀刚砍下去，肉还没切下来。王莽的第二刀就伸向了土地。古代中国是重农抑商，土地是百姓生存的根本。国家税收主要来自土地，如果土地政策大乱，天下必然大乱。王莽为了能够恢复周朝制度，决心效仿周朝推行井田制。井田制的基础是土地国有，国家分配土地。然而，历史行至大汉时代，土地已经开始私有化，政府允许民间买卖土地。土地私有使得汉代出现了很多地主豪强和大姓宗族。王莽新政要收回土地，那些因掌握土地而变得富有的地主豪强和大姓宗族自然不满。地主豪强和大姓宗族的势力不大，但也不容小觑。毕竟他们是一方的霸主，如果这些人联合造反，王莽只能眼睁睁地看着天下乱作一团。

王莽收回土地，按人口平分土地给百姓，自然能够得到百姓的支持。然而，王莽又新颁布一条法令，禁止人口买卖。必须承认，政府禁止人口买卖有利于维护人的尊严，是一条好的法令。然而，尊严也是需要经济基础的。一个人如果没有经济基础，为了尊严，就只能饿死。中国是小民社会，平常百姓没有经济积累，通常是今年吃去年的粮。如果遇上荒年，百姓就要遭受饥荒。每逢荒年，为了避免饿死，百姓只能选择卖身为奴。如今，王莽禁止买卖人口，也就意味着遇到荒年，百姓不能卖出自己，除了打劫和造反，只有等死。禁止买卖人口很好，但前提条件是国家能保障百姓的基本生活。

历史上，王莽改革中最出名的要数货币改革。王莽废除汉朝的五铢钱，以新换旧，以小换大，很简单。然而，喜欢将简单问题复杂化的王莽，面对复杂问题却束手无策。王莽准许通用的新货币，有六种，分别是金币、银币、龟币、贝币、钱币、布币。可以想象，大汉百姓去买一头牛，有可能背上一袋钱。如果买卖双方所带的货币恰好相异，市场上的人将不是买卖东西，而是彼此交换货币。学经济的人都了解货币只是一种通用于市场的符号。市场交易本身要求货币具有通用性，王莽制定的货币政策，使得货币丧失了本身的通用性，这样一来相当于将百姓带回原始的以物易物的交易阶段。

王莽效仿商朝的体制，对经济方面进行中央控制。他在长安、洛阳等重大城市，设立五均司市和钱府官，五均司市统一物资调度，稳定市场物价。如果百姓缺少资金，钱府官负责借钱给百姓。

总之，王莽的改革并不是在周朝的基础上稍作创新，其根本目的不是适应时代的变化，而是实现他自己心中的理想社会。

背信弃义

王莽的军事思想源自他的政治思想，即从得民心者得天下延伸出来的人多力量大。但是说王莽有政治思想，却不确切，应该说他只有政治理想。王莽的政治理想是赢得民心。他崇拜周公，更相信得民心者得天下。面对军事战争，王莽从政治理想的逻辑出发，想倚多为胜。但如果战争真这么简单，大汉建立之初，刘邦就不会屈辱地和亲了。

匈奴肆意杀害边境百姓，前线将士只能干瞪眼。将士目睹匈奴单方面的屠杀，却无法反击，致使军心开始动摇。而且王莽三十万大军的供给对于已经经济凋敝、民怨沸腾的大汉来说，是很沉重的负担。

领军驻守渔阳郡的严尤眼见匈奴横行、百姓受害，军队无能为力，便上书王莽。他以史为例，细说周朝、秦朝和汉朝对付匈奴的办法。严尤说，周朝对匈奴施行驱而不杀，即只将来犯的匈奴逐出境外。周朝的办法不好只能算中等策略，因为匈奴像苍蝇一样挥之不去。一旦匈奴的势力发展壮大，他们还会再犯。秦始皇穷兵黩武，将三十万大军交给蒙恬，命他率军追击匈奴七百里开外，后面又修长城。这样的做法劳民伤财，致使百姓起义、国家败亡，毫无可取之处。为了制服匈奴，汉武帝打了三十年的战争，耗尽先人的积蓄，使得民不聊生，差点引发内乱，只能算是下等策略。

严尤叙述并贬低历代对付匈奴的三种办法，只是为了衬托他的策略好。严尤看到国内矛盾。他提出国内发生饥荒，军队供给困难，三十万大军倾巢而出，一旦发生哗变，难以控制。严尤的理由是，现在前线部队供给不充足，有的士兵已经开始啃风沙了。如果由中原运粮到边塞，路途遥远，还没运到就消耗大半，不划算，而且军队运粮多用牛马，边塞全是沙子，牲口没有草吃。其实说了这么多，严尤就想说一句话，军粮不足，战争不能再拖了，否则后果不堪设想。

严尤上书的目的是请求率军出战。尽管匈奴猖狂，百姓受害，饮用水和军粮供应不足，但王莽还是坚持自我，拒绝严尤的请求。王莽将战争想得太简单，更加轻视国内矛盾的爆发。他认为，他能平定义军的第一次造反，就能平定之后的一切造反，甚至击败匈奴。王莽生活在政治的理想中，更加生活在战争的理想中。他自从称帝，为了恢复周朝的历史景象，就开始埋首故纸堆，全心全意地生活在理想中。

如果说前线军士苦苦等待王莽下令出战的消息，觉得时间流逝得很慢，那么大军行进的速度更慢。大军行进速度很慢，三十万大军缓缓蠕动，毫无斗志可言。

军队供给不充足，有的人投机取巧开始抢劫。不堪忍受的百姓四散逃亡，其中一些有能力的占山为王，拦路抢劫；无能力的逃到深山，与兽为伴。全国局势发展到这个地步，真的是混乱异常。

正当全国乱如一锅粥时，又有一颗炸弹爆发了。王莽册封的孝单于居然趁守卫不注意，一口气跑到匈奴，鼻涕一把、眼泪一把地向乌珠留若鞮单于诉苦。

王莽收到来自厌难和震狄集团军的报告。报告中说，他们经过侦查之后发现，策划匈奴进袭边塞的不是别人，正是这个身居长安的孝单于之子。因此，王莽第一次意识到战争的可怕。他留作人质的孝单于之子居然是个卧底。面对这样的情况，王莽顿时怒火冲天，他火速召集外国使者。当着众多外国使者的面，将孝单于的儿子斩首了。

王莽爱打群架，已经征集了三十万大军，可他仍觉得人数不够。于是，他又向高句丽征兵，命高句丽起兵攻打匈奴。打匈奴要死人，反抗王莽也要死人，权衡利弊后，高句丽决定反抗王莽。为了镇压高句丽造反，王莽又派一支军前去征讨。

正当王莽感觉军力不足时，西南夷也起兵造反了。西南夷与匈奴造反的原因相同，也是因为印章。为了几个印章，王莽如捅了马蜂窝一般，被四面夹击。不久，又有消息传来，西域也反了。如果此时拿起王莽时代的大汉版图一看，周边各国一齐反抗王莽。

严尤再次上书，劝谏王莽别再跟周边各国闹矛盾，否则受害的是王莽，后悔的也是王莽。特别强调一下，自王莽称帝后，他一个人看全国的奏章。当严尤的奏章顺利地送到王莽手里后，王莽确实看了严尤的奏章，不过他视而不见。在王莽心里，仿佛没有严尤这个人。王莽对严尤视而不见，是因为他活在故纸堆里，活在他所向往的周朝盛世。

正当王莽对周朝向往得很殷切时，上天又跟他开了一个荒诞却很真实的玩笑。孝单于逃回匈奴，向乌珠留若鞮单于诉苦，乌珠留若鞮单于不但不可怜孝单于，还贬他，整治他。然而，大限到来谁都躲不了，乌珠留若鞮单于死了。乌珠留若鞮单于死后，孝单于接替。

按理说，孝单于能够接替乌珠留若鞮单于已经很奇怪了。更出人意料的是，孝单于统领匈奴后，他居然对王莽说：我们继续和亲吧。听到这样的消息，王莽舒了一口气，高兴极了。不过，接下来孝单于的要求，让王莽不知所措。孝单于提出，和亲的前提是将他的儿子送回。王莽听到这一要求，顿时后悔自己当初的冲动之举。

孝单于自己送上门，王莽觉得不欺骗他一下，自己就是傻瓜。为了争取最后的胜利，王莽使出政治手腕。他对孝单于说，先和亲，和亲后再送孝单于的儿子回匈奴。王莽扣留匈奴派来的使者，另派一队使者救急般火速前往匈奴签约和亲。

签约后，王莽放匈奴使者回去。匈奴使者告诉孝单于，说他们打探到，王莽早就杀了他的儿子。孝单于听后，又伤痛，又后悔。他伤痛，因为他儿子死了；他后悔，因为王莽将他诓骗了。

权术之女的结局

中国古代，尤其是儒家社会，十分讲究"正名"这一问题。孔子说："名不正，则言不顺，言不顺，则事不成。"王莽很爱惜名誉，却强行登基称帝了。他为了证明自己称帝的合法性，派人将传国玉玺给夺了过来。王莽拿着玉玺把玩无厌，正看得出神，蓦然发现一个大问题。这个问题很严重，也很棘手，那就是该怎么称呼王政君。

已经年迈的王政君可谓是历尽沧桑。此前，王政君见证过刘奭、刘骜、刘欣和刘箕子的皇帝大业，可谓是大汉的柱石。王莽建立了新王朝，如果还称王政君为王太后，就表明王政君是汉朝人，否认新王朝的合法性，起步前后矛盾。

为了证明新王朝的合法性，王莽苦心钻研，终有成就。他改封王政君为"新室文母太皇太后"。"新"指王莽所创建的新王朝，"太皇太后"指王政君是太后，两者一连，既保留了王政君的尊贵身份，也体现了新王朝的合法性。如果有什么不好，就是"新室文母太皇太后"太长了，叫起来不顺口。

王莽称帝后，不再听从王政君的吩咐。然而，王莽对待王政君还保留着最基本的晚辈对待长辈的礼节。如果王莽不守最基本的孝顺之礼，王舜就不会成为他们之间的桥梁了。

王政君一天比一天衰老，眼见就要归西了。可是，王政君没有陵寝。傅昭仪死后，刘欣这个不孝顺的过继儿子抢了王政君的陵寝，安葬傅昭仪。王政君作为元配正妻，死后不能跟丈夫葬在一起，确实不好受。刘欣死后，王莽掌权，王政君也不方便挖傅昭仪的坟，将她鞭尸三百。

挖坟的事，王莽却是干过的。翟义起义失败，被五马分尸后，王莽将翟义的祖坟给挖了。王莽借此晓谕天下，造反者不会有好下场，终会累及先人。王政君的陵寝被抢，王莽知道她伤心，于是决定在她百年之后，将她与刘奭合葬一处。然而这就必然打扰安眠于地下的刘奭，也就犯了王政君大忌。

王莽此举确实伤了王政君的心，王政君自此不理王莽。新王朝规定，朝服颜色为黄色，每年十二月初一为新年。可是王政君不遵守，她每天都穿代表大汉的黑色衣服，将大汉规定的正月初一当新年。每到新年，王政君都到刘氏宗庙，祭天祭地祭祖宗。她还独桌吃饭，只和服侍她的人说话。王莽彻底伤了王政君的心，王政君没有办法直接同王莽抗争，只能用沉默应对。

新始建国五年（公元13年）二月，王政君驾崩，享年84岁。

王政君之死，使得将其视为对手的王莽很是伤心。放眼天下，王莽真的是成了孤家寡人。他经历了爱名，爱权，最后爱理想的阶段。曾经的王莽爱名，渴望"天下归心"；再过一段时间，王莽爱权，盼望登基称帝；现在的王莽爱理想，憧憬周朝社会。王莽奋斗一生，终于找到他的理想了，他以恢复周朝社会为毕生大业。

王莽一直不明白，他所做的一切都为回到那个连孔子这种圣人都渴慕的周朝，为什么就有那么多人反对他。在王莽的理想社会，人尽其才，物尽其用，人们彼此相敬相爱；百姓有地耕，有房住，有饭吃，有衣穿。王莽知道大同社会，也知道小康社会。他很自负，相信凭他一人之力，定可以带领百姓进入小康，最终走向大同。小康社会是儒士的梦想，大同社会更是儒生的梦想。就玩弄政治权谋而言，王莽是假儒士；从为理想社会而奋斗的角度说，王莽是真正的儒士。

王莽兢兢业业，日理万机，独自包揽全国的奏章，非常劳苦，已经是全国劳模了，但天下人还是反对他。上层社会反对王莽，因为王莽损害了他们的利益；百姓反对王莽，因为王莽扰乱了他们的生活。王莽坐在长安，一心批阅奏章，不知道已经天下大乱了。

王莽称帝这些年天灾不断，人祸不止，民不聊生。公元17年发生饥荒，荆州尤其严重。饿死的人太多了，百姓找不到吃的东西，就要饿死了。躺在家里是饿死，揭竿而起也是死。与其坐以待毙，不如奋力一搏。

荆州饥民将自己的命交给上天，共同推举出一位首领，大举入城抢劫。人民是历史的创造者，百姓众志成城抢劫成功后，占据绿林山，专门抢劫官府，赈济灾民，被尊称为绿林军。后世人仰慕绿林军的行为，尊敬"绿林"二字，演化出成语"绿林好汉"。

绿林军如星星之火，顿时燎原，农民起义兴起，纷纷涌向长安。

第九章

揭竿而起重兴汉室

刘秀的身世

结束纷乱，使天下重归平静的人是光武帝刘秀。

刘秀，字文叔，南阳郡蔡阳县人，是高祖刘邦的第九代孙，他祖上可以追溯到景帝所生的刘发。刘发这一支传到刘秀，已经破落不堪。刘秀自负身具高祖之血脉，此生断断不能就此默默无闻。幼年的刘秀心中已经有了匡扶汉室的志向。

刘秀的父亲刘钦是个小小的南顿令，《汉书》记载说："令、长，皆秦官也。万户以上为令，秩千石至六百石；不满万户为长，秩五百石至三百石。"由此观之，刘钦不过相当于是品秩为千石至六百石的一个县令，从长沙王到南顿令刘钦，刘发一族真可谓是江河日下，一代不如一代。汉平帝元始三年（公元3年），刘钦去世，家族失去了唯一的政治支柱和经济来源，刘伯升、刘秀、刘仲兄弟，刘钦的长女刘黄、次女刘元、三女刘伯以及其母樊娴都顿时陷入食不果腹、衣不御寒的困苦境地。幸好，当时刘秀的叔父刘良家中尚有几亩薄田，还能够在这乱世之中谋求一个生存，刘秀、刘伯升兄弟从小就比较勤快懂事，刘良便顺势收养了他们。自此，刘秀变成了南阳郡舂陵县里的一名农夫。

二十年之后，刘秀已经长成一个健壮的青年，他身高七尺三寸，须眉浓美，有着大大的嘴巴，高高的鼻梁，饱满的额角。为了养活自己的母亲和几个未出嫁的妹妹，刘秀每日勤勤恳恳，对农事不松懈，但是他的长兄刘伯升却喜好侠义，收养门客，并且常常耻笑刘秀只会经营农业，还把刘秀比作高祖刘邦的兄长刘喜，说其胸无大志，混沌世间。

燕雀安知鸿鹄之志，刘秀不仅善于耕种，还能够在闲暇之余找些书籍增长自己的见识和阅历。反观其兄，虽然性情刚毅，豪气冲天，却好高骛远。此外，刘秀还是一个富有经济头脑的人，年夏、秋大忙以后，刘秀便利用农闲时间，把谷物等农产品运往新野、南阳销售。古人云"人看从小、马看蹄爪"，刘秀从小就乐善好施，学会与人相亲相助，品行淳美，有君子之风，深得乡里赞誉。

王莽天凤年间，精通《尚书》的中大夫庐江人许子威，在长安的太学中开馆讲学。刘秀听说后卖了一些粮食和其他财物，与他家乡的志同道合之士一起凑钱合买了一头驴，雇人驾驭着驴车来到京城长安，从此走上了他辉煌人生的起点。

一个伟人终究免不了俗，摆脱不了七情六欲。刘秀发奋读书，最初并无什么大志，而是为了发达后娶南阳新野县的阴丽华为妻。

刘秀在长安求学的时间只有短短的三年，但却为他此后的人生奠定了一定的基础。长安是当时世界上最繁华的城市，文化昌盛。大开眼界的刘秀在这结交了许多俊杰，如朱祐、严光、邓禹等人，都是以后东汉历史上惊艳一时的人物。

朱祐字仲先，南阳郡宛城人，是一个高士才子，文武双全，在长安群儒之中颇为有名。他从小就与刘秀兄弟交好，由于刘秀在学问上远远不及他，所以刘秀经常到他的居所去向他求教。据传，一次刘秀在长安生了病，要买蜂蜜入药。虽然此时刘秀已经到了长安求学，但是其家境却没有任何改变，因此，这买蜂蜜的钱便成了此时刘秀的最大困境。朱祐知道后，仗义疏财，直接自掏腰包添钱帮刘秀把蜂蜜买了回来。对此，刘秀一直心存感激。后来，刘秀取得了天下，回赠给朱祐一石白色的上等蜂蜜，开玩笑地问他："仲先兄，这种蜂蜜，与在长安时我们买的那种相比，味道如何？"说罢，二人相视大笑，当年的情景也一一浮现在眼前。

严光字子陵，会稽郡余姚人，又名严遵。他很有才学，少年之时，即已名满天下。可惜他为人清高孤峻，不慕富贵、不侍权贵，后来成为著名的隐士之一。严光虽然孤傲，却与谦虚好学的刘秀一拍即合。时间一长，二人就慢慢地成了至交好友，成为当时的一段佳话。

邓禹字仲华，南阳新野人，当时只有十三岁，也受业于长安。邓禹虽然年纪最小，却能咏诵《诗经》，俨然是一个神童。刘秀对此十分惊奇，一直想和他结交。而邓禹也看到刘秀相貌奇伟，感觉非比寻常，再听其言论，看其品行，察其胸襟，更觉得刘秀器宇非凡，绝非池中之物。于是，二人倾心结交，也成了好朋友。

虽然刘秀在长安的三年学习生活很快因为家庭困境而终止，他学习《尚书》，也仅仅是粗略弄懂了书中的内容。但却在与朱祐、严光、邓禹的交往中，受益良多。他们三人在学问、见识、品德上都给予刘秀极大的启发，后来更是在他逐渐强盛的时候成为其心腹臂助，几人少年豪杰，谈笑江山、纵论江河，引得无数豪气人士欣然神往。刘秀也是在此间的交际中，逐渐形成其雍容大度的气派，虚怀若谷的胸襟，坚毅宽厚的品格，处变不惊的反应能力，驾驭群下的深谋远略。他最终凭此问鼎天下。

此时的王莽政府内部，已经暗藏杀机。一切的源头，不过是一个谶语，它是兴盛于秦汉时期的一种神秘的学说，当时人们深信它可以趋吉避凶、还原过去、预测未来，后来张衡等人还就汉室迷信谶语而出言讽刺，为人所不容。整个王莽政权，精通谶纬之术的只有刘歆。他为人奸诈狡猾，对待王莽亦是卑躬屈膝，因而获得了王莽的重用，但是他并不满足。在参阅了大量的资料，对未来的时局进行推演之后，刘歆竟然惊奇地发现，未来的数十年中，刘氏应当再次受命于天，重新夺取天下。而那个顺天应命的人的名字竟然也在推演中泄露出来了，叫作刘秀。刘歆这人虽然地位显赫，但却素有野心。其父刘向是汉高祖刘邦之弟楚元王刘交的后裔，也是汉元帝刘奭、汉成帝刘骜时期的朝廷重臣。刘向先后历任中郎、光禄大夫等职，他忠于汉室，为王莽所不容。他对刘歆奴颜媚骨的性格和不切实际的野心做过多次批判，但都没有什么结果。此番刘向逝世，刘歆失去了唯一的制约，再加上他对自己的推演结果深信不疑。于是，他将自己的名字改为刘秀，以应天象；同时梦想着，有朝一日自己也能够登基九五帝位。

他没有预料到，这个名叫刘秀的人，天下只此一家、别无分号，此刻正在千里之外的南阳郡挣扎求生。

王氏必灭，汉室当兴

刘歆的谶语也在流言蜚语之中不知不觉传到了南阳郡。天下盛传："王氏必灭，汉室当兴。"对老百姓而言，谁当皇帝都是一样，只要他们能够在饥饿的时候有一口饭吃，在寒冷的时候有一件衣服穿，在打雷下雨的时候有一个可以躲避的场所，就足够了。但是如果天下又将易主，那么无论兴亡荣辱，苦的可都是老百姓了。想想"浮尸百万流血漂橹，千里沃野无炊烟"的凄凉和沧桑，多少让寻常百姓不寒而栗。人们不禁或明或暗地问询，天下真的又要大乱了吗？

无人知晓，刘歆所传的真命天子就隐藏在民间，即使连他自己也不知晓。但却有各方术士接连推算而出，真命天子绝对不是那个有才无德的刘歆，正所谓："金鳞岂是池中物，一遇风云便化龙。九霄龙吟惊天变，风云际会浅水游。"终于在有形无形之中，有人遇见了刘秀这条九天神龙。

地皇初年，刘伯升、刘秀兄弟和他们的二姐夫邓晨一起去宛城拜望一位非常有名气的术士——穰城人蔡少公。此人也是个著名的江湖术士，以精通图谶闻名，在南阳郡一带极有名气。不知不觉之间，他们竟然聊到了天下气运。

蔡少公说道："依照老夫所研究之图谶中的说法，王氏政权必不久长，汉室中兴指日可待，而这真命天子的名字就叫作刘秀。"大家闻言，立马想起了不久之前在宫中改名的国师公刘歆。有人急忙向蔡少公问道："您说的可是当今国师公刘歆？"刘秀闻言，随即开玩笑道："说不定，这人会是我呢？"众人闻言，当即大笑，知晓这不过是刘秀的玩笑直言，也就没有人当真。然而，刘秀的兄长刘伯升听闻此言，则不免有些激动。当然，他并不相信自己这个胸无大志的弟弟刘秀会成为未来皇帝，只是对"王氏必灭，汉室当兴"的谶语特别感兴趣。而刘秀也在这条谶语中找到了一丝契机。

这日，一个名叫李通的人来找刘秀兄弟。李通，字次元，也是南阳宛城人。李家世代经商，他的父亲名叫李守，精于生意之道，李家生活非常富裕。李守虽然社会地位不高，却治家有道，善于教育子弟。在他的督促管教之下，他的儿子李通也成了一个有学问的人。

李通的父亲也和当时社会的众多富贵之人一样，在这个乱世之中，没有什么力量可以保存自己的家世地位，就连支撑起这个社会的政权都会随时崩溃，因而只能相信一些莫须有的东西，那就是卜卦之术。不久，还真的让他父亲得到一个谶语，叫作"刘氏复兴，李氏为辅"，并告诉了李通，李通得此谶语，日夜研究，终于发现，或许自己就是辅佐那个顺天应命的人。如果成功，那便是三公九卿、封侯拜将，光宗耀祖自是水到渠成。于是，李通毅然决定，辞去现下的补巫丞这个芝麻小官，去寻找自己的远大前途。适时南阳刘秀的兄长宽厚仁侠之名远近知名，李通的堂弟李轶就对李通说刘伯升、刘秀兄弟泛爱容人，可以共谋大事。李通笑了笑说："正合我意。"原来他也早就有了想法。于是李通就要李轶设法与刘伯升联系。

宛城人李通、李轶见到刘秀，忙用河图符命征验的书来劝导刘秀说："刘氏家族要重新兴盛了，李氏家族是刘氏宗族的辅佐，而刘家的那个真命天子就是刘秀。"刘秀开始不明所以，因为对二人的来意不是很清楚。刘秀担心此事一旦传了出去，自己便是跳进黄河也洗不清了，随时会招致杀身灭族之祸。随即刘秀试探地说道："这个人莫不是当朝国师？"李通、李轶等人何等聪明，知晓刘秀必定是不相信自己。他俩再看刘秀衣袖中还藏着匕首，必然是为了防范自己。二人直接道明来意，劝说刘秀举兵造反。刘秀暗想，长兄刘伯升一向结交盗匪，必然会举兵起事，而且此时王莽败相已露，天下一片混乱，便和李通决定准备起事，在城中购置弓箭武器招兵买马。

李通知道，自己一旦举兵造反，王莽政权必定不会放过自己的父亲李守。因当时李通的父亲李守还在长安，李通怕父亲出事，赶紧派他堂兄的儿子李季到长安把事情报告给李守，让他赶紧逃跑。然而，天有不测风云，李季竟然在半路上一病不起。幸好这个消息还是传到了李守的耳中，李守闻讯，大惊失色，立马决定举家迁徙，逃离长安。

但在李守逃离之前，他将这个绝密消息告诉了自己的世交好友黄显。黄显此时正在新莽朝廷里做中郎将，闻言忙向李守建议道："普天之下莫非王土，率土之滨莫非王臣，你相貌突出，怎么能够逃出官府的通缉呢？如果你能够大义灭亲，在事情没有爆发之前，主动向王莽告发，或许可以免了你一家的罪责。"李守闻言，觉得黄显言之有理。于是，李守便写了一封检举信，委托黄显上书朝廷，告发儿子李通与刘伯升、刘秀兄弟准备谋反。

可惜，李守的检举信还未到王莽的手中，李通谋反的消息便已经泄漏，南阳老家的李氏家族成员大部分已经被捕。王莽得知李守是李通的父亲，不由分说，立即下令把李守捉拿归案，打入天牢。黄显虽然是朝廷官员，却更是李守的好友，他知晓此番自己若不求情，李守必定难逃杀身之祸。于是，黄显冒着生命危险向王莽进言："李守听说儿子犯下了大逆不道之罪以后，不敢逃亡。他为人一向忠义，知道自己的儿子犯了法，就向朝廷请罪了。所以臣愿意带着李守一起东行，跟他的儿子晓以大义。如果他儿子还是不肯回头，李守就会以死谢罪。"王莽知晓黄显是一个忠义之人，认为他的话应该没有问题，就答应由他带着李守一起去南阳平定叛乱。

恰巧在这个时候，南阳太守甄阜的紧急奏章送到了长安，甄阜在奏章中详细描述了李守的儿子李通参与谋反的细节。王莽看到后大怒，立刻下令斩杀李守。黄显再去求情，也遭受连带之罪。李黄二人在长安的族人也被全部杀光。

另一边，刘伯升一方面大力积蓄力量，另一方面也认识到想造反起义，单单靠舂陵宗室子弟以及自己结交的那些宾客、朋友是不够的。造反的力量还是太弱小，难以成大事。于是，他便找上了新市、平林军的绿林首领王匡、陈牧等人，并迅速与之达成起兵协议。

主意已定，刘伯升成为了起义军首领，让刘秀到宛城与李通、李轶等人联合起来做好起义准备，又叫自己的姐夫邓晨在新野带领家眷前来会合。他还督促李通、李轶等人按照原定计划，于九月立秋日在宛城绑架甄阜、梁丘赐举事。而刘伯升自己则率领刘氏宗族子弟在舂陵加紧准备物资，等候绿林军前来汇合。

时间一天天过去，就快到了起义时间，宛城方面却杳无音讯，刘秀那边也没有消息。不久，探子回报，李家和黄显家都被王莽灭了族，只有李通、李轶、李松等三人逃走，下落不明，官府正在通缉捉拿他们。刘伯升知道，关键时刻来临了。或许此时南阳郡守已经知道了自己意欲举兵的消息，随时可能来捉拿自己。刘伯升当机立断，起义照常进行。不久，刘秀等人的回来让刘伯升悬着的心放下了一丝。然而，这时族中许多人却不同意起兵，因为他们害怕，起义不成等待他们的是诛灭三族之祸。

其中，刘秀等人最为敬重的刘良也极力反对。刘秀兄弟为了防止他泄密，派人严密看护住他，同时积极筹划，向族人鼓动。终于，经过一番计较，全族人上下一心，决定破釜沉舟，举行起义。在刘伯升的带领下，舂陵刘氏子弟，总共七八千人与绿林军首领王匡、陈牧等人汇合。

同年十月，刘伯升、刘秀兄弟与李通及其堂弟李轶等人在宛城正式起兵，这年刘秀二十八岁。

揭竿起事夺天下

万事俱备,只欠东风,刘氏一族八千子弟都已经在刘伯升、刘秀兄弟处积聚。绿林军首领王匡、陈牧也带人赶到舂陵与他二人汇合。刹那间军威大振,杀气冲天。只是临行之前,却一直不见李通归来。

除此之外,还有一件事情让刘氏兄弟感到细微不安。起义军队成员龙蛇混杂,特别是王匡、陈枚的绿林军大多都是土匪山贼出身。刘氏兄弟深知要成大事,就必须严格约束他们,不然迟早会败亡。但事急从权,一时半刻,倒也难以制定有效的策略,只能先起义,再图后事。

每一件大事的完成,都不是表面所看到的那样简单,而一个完备的计划,则能够将事情成功的几率大大提升。刘伯升深刻地明白这个道理。在兵力会师之后,他便着手制定了一个先向西夺取西长聚城,再占领棘阳,然后攻击宛城的战略计划。他意图先占据宛城,凭借这个进可攻退可守的有利位置割据一方,然后再传檄天下,号令忠于刘家汉室的天下群英云集麾下,共同讨伐王莽,从而恢复汉室。几大首领知晓这是目前最为稳妥的计划,便欣然同意。

有人说"守业更比创业难",这句话或许有些道理,但是创业之艰难,也是许多守业之人难以想象的。恰如此时的刘秀兄弟,在上战场之初，虽然变卖了家中所有的财产，却依然十分拮据。后来有人传言，在刘秀上战场之际，竟然没有一匹战马可供其所用。无奈之下，刘秀只得骑着一头水牛冲锋陷阵。这成为了后世演义中的一段佳话，人们都说刘秀是"牛背上的开国皇帝"。直到刘秀在战场上斩杀一名新野军士，他才缴获到自己的一匹战马。这或许有夸大的成分，甚至有人不禁要问，绿林军何等气势，哪能不为刘秀配一匹战马呢？殊不知，刘秀此时虽然骁勇，却只是其兄手下一名默默无闻的军士，即使有战马可配，也是配给刘伯升的。

幸好起义尚且算顺利，起义大军很快就攻克西长聚城、唐子乡（即今湖北省枣阳市唐子山下的太平镇），他们杀掉了湖阳县尉，打败了新莽官军。初战告捷之下，起义军声威大震，这让全军的士气大为提升。

军心一定，士气一涨，刘氏兄弟的野心就逐渐膨胀起来，连着他们的胆子也大了起来。二人与绿林军商议，决定一鼓作气，攻下当时比较大的县城棘阳。整军备战方三日，刘伯升便急不可耐地传令部队进攻棘阳。也算起义军的大幸，还没等起义军到城下，新莽朝廷的棘阳县令岑彭见势不妙，弃城带着家眷逃走。起义军兵不血刃就拿下了棘阳。

此时的李通，由于全族都被王莽杀害，自己更是遭到王莽的通缉，只能带着兄弟以及少数宾客逃亡在外，四处躲避。不久，他便听说刘伯升率军，一路势如破竹、所向披靡，此刻正欲攻取棘阳。李通欣喜之余，决定率门下投奔刘伯升。当他赶到了棘阳城外时，遇到了刘秀的姐夫邓晨率众投奔刘伯升。本来李通还准备混进城中，做刘伯升军队的内应。哪知他到了棘阳发现，城门上早已经改旗易帜，刘伯升竟然不费吹灰之力就将棘阳握于掌中。

李通、邓晨来投，虽然没使刘伯升起义军实力大增，但这二人本身非比寻常，又是刘伯升的亲朋好友，他们的到来不禁让刘氏兄弟高兴不已。此时的起义军可谓是人才济济,刘伯升等待多时,终于在这一刻平地而起。他策划已久的计策终于能够得以实行,随即他展开行动准备进攻目标宛城。刘伯升传令部队整军三日,之后再传令部队攻击小长安,即棘阳附近的一个富裕的地方。此刻刘伯升已经成竹在胸,只要拿下小长安,就立刻挥师北进,向南阳郡的重镇宛城进攻。由此一来,大事可期。

刘伯升此刻俨然已经成了骄兵,骄兵必败。殊不知,一股潜藏的危机正徐徐拉开大网,起义军的未来,祸福难料。

所谓潜藏的危机,主要体现在两个方面。一则是起义军龙蛇混杂,他们没有远大的政治抱负,眼中只有美女、金钱或者食品衣物,因而军纪不正。同时起义军成员都不是行伍出身,大多是刘氏宗亲。即使山贼出身的绿林军,也没有经过正规的军事训练,哪里见过雄兵百万、战车千乘的阵仗。一到行军布阵之时,其弊端就显露出来。日子一长,如果是一路顺利倒还问题不大,但一旦遇到重大变故,那便是兵败如山倒、一溃千里。二则是刘伯升的军事策略不恰当,他一边四处征战,一边却又拖家带口。而且在其占领的棘阳等地都没有重兵把守,因为刘伯升将全部的兵力都抽调出去,以求一鼓作气,收复天下。

在如此疏忽大意、盲目乐观的情况下,刘伯升兵锋所向,直指宛城。这日起义军到了小长安,虽然天气昏沉,目力所及,只有百步之内。军中将士以为这次还会像上次一样,不战而屈人之兵,夺取小长安。可他们万万没有料到,贪功冒进历来是兵家之大忌。果然,王莽军守将甄阜、梁丘赐早就在小长安准备妥当、以逸待劳,率领正规军给予起义军迎头痛击。

仓促组建的起义军一见无法取胜,随即乱作一团。刘伯升眼见大势已去,也难以掌控局势、稳定军心。片刻之间,起义军阵形大乱,士兵们四散奔窜,各自逃命,全军溃败。刘秀、刘伯升的亲人们也在军中,这乱了他们的方寸。刘氏兄弟好不容易救出几人,却已有数十人倒在王莽军刀之下。其中包括刘秀的二姐和三个外甥女、二哥刘仲、养父刘良的妻子和两个儿子。经此一役,刘氏子弟元气大伤。

生死一战

《孙子兵法·九地》中有这样一则："焚舟破釜，若驱群羊而往，驱而来，莫知所之。"就是表明在万般无奈之下，如果能够摒弃一切后顾之忧，一心为战，或许很弱的一群人也可以获得未曾预料的胜利。著名的楚霸王项羽就在攻伐秦军之时，彻底斩除楚人的后顾之忧，打破了做饭的釜，击沉了渡人的舟船，楚人上下一心，终于取得战争的胜利。

军无常势，水无常态，为人将者，讲求的就是随机应变，善于应用天时地利人和，为自己取得战争胜利增添把握。并不是每一个破釜沉舟之人都能和项羽一般，一往无前、决胜千里。

地皇三年（公元22年）十二月，甄阜、梁丘赐刚刚在小长安一战打败了起义军，还未来得及整军，便带领精兵十万南渡黄淳水，乘胜急速前进，同时将缴获来的大量粮食、辎重安顿在蓝乡，只留下少数士兵看管。大军很快就抵达沘水岸边，在两水之间扎营布防，兵锋直指棘阳。为了显示"不灭反贼，绝不回师"的决心，甄阜、梁丘赐下令拆除黄淳水上的桥梁，示以破釜沉舟之意，意欲尽灭义军。

然而此举却有"画虎不成反类犬"的嫌疑，当初项羽何等英雄，楚人何等齐心协力，他们面对数十倍于自己的兵力，无奈之下，才选择破釜沉舟的做法。甄阜、梁丘赐二人恰恰相反，将当年楚军和秦军的势力对了个调，即使按照常规的做法，官军要取得胜利也不是什么难事。

然而事实并非这样。他们心中有着自己的如意算盘，即是一方面鼓舞士气，振奋军心，另一方面则是试图效仿项羽，留下千秋美名。可惜他们不知道，世移事异，他们斩断了后路，无疑冒着巨大的军事危险。在破釜沉舟之际，甄阜和梁丘赐心中实则是想着必胜之事，骄兵难持，一旦有变，则会造成无可挽回的损失。

这是否意味着，刘伯升、刘秀所部，一定能够取得胜利了呢？

这时候，刘伯升心中也是忧心忡忡，王匡、陈牧二人一直不是很信服他，刘伯升、刘秀对他们的部队也很难约束。这些人都是草莽出身，一个个土匪气十足，一旦他们取得了片刻的胜利，目光就会变得特别短浅，不谈为民为国，只想着给自己捞好处，烧杀抢掠，危及苍生。

眼下甄阜、梁丘赐率领十余万军队来攻棘阳，气势汹汹、难以阻挡，更听闻那边竟然来了个破釜沉舟。自己万余部队拿什么去抵挡？王匡、陈牧二人心中十分担心自己的这点老本钱会在这一次战役中全军覆没，再加上自己的部队和刘氏兄弟的部队多有不和，这让王匡二人不禁生出了退却之心。

所谓山重水复疑无路，柳暗花明又一村，正当刘氏兄弟担心，王匡、陈牧犹豫不决的时候，一个如定心丸般的好消息传来：下江兵首领王常率领五千人马，已经进了宜秋聚了！

下江兵是农民起义军中的一支。其首领王常，字颜卿，颍川郡舞阳县人。王常为了给自己枉死的老乡报仇而杀人，为了逃命，结果落草为寇。后来王凤、王匡等人聚集了数万人在云杜县的绿林山中起义，遇到了王常，觉得这个人剽悍勇猛，就把他作为自己起义的先锋军首领。时间一久，王常因骁勇善战，在军中树立起威信，于是四处招兵买马，逐渐有了自己的势力。哪知道当时天灾人祸太多，绿林军不久就溃散了，王常只好带着自己的队伍，与成丹、张卬进入南郡蓝口掠食，自称"下江兵"。

后来王莽得知了这帮"匪徒"作乱，就派兵将他们一一击溃。王常兵败无处可去，只好在钟县、龙县之间以盗寇的身份行动，同时不忘招兵买马，很快就又有了数千人的军队。后来他听说刘伯升的义军不错，本想归顺，没想到刘伯升在进攻宛城之战中大败而归，王常只好失望地取消了打算，到宜秋之地安身了。

刘伯升早就知道王常英勇善战，此番若自己能够得到他相助，必能够在接下来的战斗中，多增添一丝胜算，而且，王凤等人闻讯，也不会如现在这般军心不稳，意欲独自退却。于是，刘伯升带着刘秀和李通星夜兼程赶到宜秋，意图说服王常和自己联合，共同抵御敌军的进犯。

见到王常，刘伯升开门见山地说道："王莽残酷暴虐，所以必将灭亡，汉室也一定能复兴。所以我愿意倾家荡产去兴汉，希望你也能助我们完成大业。届时我得到了什么，自然也不会少了你的。"王常闻言，顿时豪气冲天，心中便已有定议。然而这件事情毕竟关系甚大，还需要和自己的几位兄弟商量后才能够决定，待决定之后，他们便会火速向刘伯升通报。

经过王常的一番鼓动，原本不愿意屈居人下的成丹、张卬也因为王常的合理分析而欣然赞同。通过王常的分析，他们深切地了解到天下局面，认为王莽为政苛刻残酷，使得百姓流离失所，人心日丧，所以百姓更希望恢复汉室。而绿林军之所以起义失败，是因为以匪寇的身份出现，根本没有给百姓带来安稳日子。但刘伯升一家举事就不同了，他们是打着兴复汉室的旗号，是正规军，而且还有王凤的义军与之联合。与他们合作，将来或许能够成就大功，这才是下江兵成就功业的最好渠道。

三人议定，王常急忙派出信使通知刘伯升，请他准备接应。十二月二十六日，舂陵起义军与新市兵、平林兵会师，并在刘伯升、王常的主持之下，组成联军，歃血为盟，立誓共扶汉室。众方约定整军三日后出发。

此时此刻，起义军磨刀霍霍，一个个心怀大畅，只待敌军一来，他们便大杀四方，让敌人片甲不留。

战争最重要的就是能够争取主动，刘王联军此刻正面临着自起义以来最强的一支军力，如何打败他们，争取主动才是避免固守孤城、最终一点点被蚕食的最佳手段。刘秀献计，当前敌我兵力悬殊，即使有王常大军到此联合也不足以与之硬拼。此战只可智取，不能力敌。如今甄、梁二人带兵到此，骄傲嚣张，更是斩断了自己的退路。我军只需要截断他的粮草，缴了他的辎重，自然可以大大地影响其军心，甚至可以不战而胜之。刘伯升闻言，觉得很有道理，就连王常也在瞬间对这个不起眼的刘秀刮目相看。正好探子回报，敌军的粮草辎重都在蓝乡，守军很少，对起义军而言，无疑是天赐良机。

十二月三十日，起义军乘着夜色从棘阳潜出，前去袭击蓝乡，夺取敌人的粮草。此行出乎预料地收获颇丰，缴获了甄阜、梁丘赐的粮草、给养等大批辎重物资。消息传到甄阜、梁丘赐军中，二人不禁方寸大乱，军中更是人心浮动。迟则生变，于是二人决定尽早决战。

地皇四年（公元23年）正月初一，决定义军生死的一战在棘阳城外爆发了。这一战，双方都投入了大量的人力物力财力，更提前做了大量的准备工作，只希望在最终决战时刻，可以尽量地保全自己，杀伤敌人。然而，稍微有点军事常识的人都知晓，决战还未开始，他们之间的胜负已经了然。

这一日，双方将战线集结在棘阳南方。刘伯升命令部队从西南方向总攻甄阜，王常带领下江兵从东南方向攻梁丘赐。一时之间，旌旗如风、狼烟四起、杀声震天、刀光漫卷，才半日，梁丘赐便败溃而逃，甄阜所部本来抱着必胜的决心，正在奋力拼杀，一看梁丘赐军已败，顿时阵脚大乱，也跟着溃败下来。刘伯升派兵乘胜追击。义军追到黄淳水，奈何甄、梁军早已经斩断后路，前无退路，后有追兵，为之奈何。梁丘赐二人的士兵要么被杀，要么溺死水中。此一战，斩杀王莽军士两万人，纳降八万人，连主将甄阜、梁丘赐二人也被当场斩杀。霎时间，义军之名，名冠天下，振硕神州。天下英雄闻讯，纷纷云集响应，赢粮而影从。

帝位花落谁家

在与王莽军队的战斗中取得大胜之后，刘伯升又在清阳打败了王莽的纳言将军严尤、秩宗将军陈茂，进军包围了宛城。无论是声威气势还是实力，起义军都达到了起兵以来的顶峰。然而，随着占领的地方越来越多，起义军的士兵数量越来越大，各路义军首领都生出了更大的私心，因此，推举出一个足以服众的领袖来统一领导他们，才能够维持联军的稳定团结。

于是，建立新政权，拥立新皇帝成了他们眼下唯一的目标。

政权好设立，关键是这个领头人难以选择，众人各怀心思，当然谁也不服谁。而从客观角度来说，刘伯升是最为适合的。在血统上，他是刘氏皇族后裔；在战功上，他首次率领义军举兵，连克数个郡县，多次打胜仗，让王莽军损失惨重，使得敌军只要一听说刘伯升要来，就四处奔逃；而论才德，刘伯升治军严谨，手下将士每过一地，对当地人民的财物粮食秋毫无犯，可谓甚得民心军心。然而，正是因为刘伯升如此优秀，才更让王凤等人心中担心，起兵以来，他们一路烧杀抢掠，无恶不作，好不快活。如果让他当了领袖，众人就没有指望有出头之日了。

他们仔细思量，看中了一个懦弱无能、贪杯好色的刘氏子弟，那就是刘玄。刘玄的曾祖刘熊渠是春陵节侯刘买的嫡子，刘伯升的曾祖刘外是春陵节侯刘买的庶子。论以血统，刘玄的身份最尊贵。但说起来，这刘玄并不是刘伯升、刘秀这一支人马，更不是南阳刘氏一族的支系，何以能够被王凤等人选中，做这个傀儡首领呢？

刘玄只能算是刘秀的族兄，和刘秀兄弟一样，都是没落的皇族子弟。这次到达义军，并不是和刘秀、刘伯升兄弟一样，主动起兵到此，而是出于无奈。当时刘玄在家乡春陵，只是一个安分守己的平头老百姓，怎料其弟弟竟然在一次乱事中被人杀害，限于自己力量有限，刘玄便努力结交江湖豪侠，希望他们能够帮助自己报仇雪恨。哪知这群人不但没有达成自己的愿望，还为自己惹出了祸端。一日，他正和这群人在家饮酒作乐，忽然一个官府差役来此巡查。当时王莽新政，有令不允许百姓私自结交江湖人士的，刘玄一介百姓，他们几个都是附近有名的人，如果被衙役发现，定然会被问罪。刘玄担心之下，灵机一动，何不邀官差前来共饮一杯，或许他高兴之余，就将自己放过。哪知这几位江湖豪侠不屑刘玄的作为，见官差前来，竟然出言戏弄，官差一怒之下，将刘玄门下数人全部带走关进大牢。刘玄眼看自己若是不跑，必定会受到连坐之罪，就连夜跑了出去。

官府第二天前来问罪，竟然不见刘玄在家，所谓子不教父之过，官差直接将刘玄的父亲刘子张带去顶罪。幸好刘玄机警，他让人给家里买了一副棺材，诈死骗过了官差，他父亲也就幸免于难。此后刘玄有家难归，只能四处流浪，恰好碰见平林人陈牧、廖湛，聚集上千流民，号称"平林兵"，响应王匡、王凤。他就索性投了他们，留在乱军之中做了安集掾，负责征兵事宜。

他没有料到，好运很快就降临到他的身上。他一到王凤军中，便被重点看护，视为宝贝。等到了该朝立君的时刻，王凤等人竟然告诉他，由于他地位尊崇、身份高贵，那个新君竟然是他。一时之间，刘玄自然是喜不自胜，暗想莫非是祖上坟头冒青烟，自己寸功未见，才疏学浅，在毫无预料的情况下，竟然就要坐上天下英雄人人梦寐以求的位子。

他哪里知道，王凤等人只不过当他是一枚可供利用的棋子。用起来容易，抛弃就更加容易。

刘伯升知晓绿林军各位将领心中已有决意，但他还是比较委婉地说出了自己反对立刘玄为帝的看法，他认为，现在青州、徐州一带赤眉军实力大涨，人数达到十余万。如果他们听说南阳立刘氏宗亲为新天子，怕也会另立新君。如今王莽还没有被消灭，各路义军却再起纷争，宗室之间彼此攻伐，会使天下人疑惑而自相残杀，这不是一条消灭王莽、复兴汉室的正确道路。观察先人，可以发现如陈胜吴广、项羽等先起兵称帝的人，最终一定不能夺取天下。因而这立国立君之举，实在是糊涂之至。只有先尊崇一个德才兼备的人为诸侯王，才能够一方面避免几股义军之间大战，另一方面也起到联络各方、众志成城的作用。

这话乍看之下，还真有道理，其实刘伯升也明白，眼下要他们立自己为天子，实在是比登天还难。既然自己做不了，那么别人也休想占先。

众人虽然作战骁勇，却胸无点墨，经过刘伯升这么一说，一个个都觉得很有道理，可惜"半路杀出个程咬金"，张卬这个火暴性子直接拔出宝剑，大声喝道："疑事无功。今日之议，不得有二。"诸将闻言，立刻醒悟到这是刘伯升的缓兵之计。于是，众人纷纷附和，支持立刘玄为帝。刘伯升见此，知道已经无可挽回，何不就坡下驴，免得大家将矛盾搬到明面上来。

二月辛巳日，拥立刘玄为圣公天子，刘玄一称帝，便急忙学前朝皇帝，为各位功臣封侯拜将。其中，任命刘伯升为大司徒，加封汉信侯；刘秀为太常偏将军，袭封舂陵侯；封德高望重的同族叔父，即刘伯升、刘秀最尊敬的刘良为国三老，王匡为定国上公，王凤为成国上公，朱鲔为大司马，陈牧为大司空。起义军还没有一统江山，就开始明争暗斗，争权夺利，实在不是什么好事情。

但以刘伯升的这个大司徒而论，虽然按照当时的官职而言，位极人臣，职同丞相，处三公之中，却不过是一个虚职。军权财权可都是掌握在大司空和大司马的手中。刘秀的偏将军一职，更是不值一提，只不过是一个中级军官。绿林系的王凤、王匡等人在此时就开始严明地控制刘伯升的权力，一方面因为担心他才德兼备，有朝一日会凌驾于众人之上，不如刘玄好掌控。另一方面则是因为刘伯升一开始就不懂得韬光养晦，反而处处锋芒毕露，自然惹得别人妒忌。

三月，刘秀、刘伯升和另外众将去攻取昆阳、定陵、郾。由于黄淳水一战使得起义军声威大震，这些地方几乎没有多少抵抗就被起义军攻克。刘氏兄弟也在此期间，得到了许多牛、马、财物，还得到了数十万斛的粮食，刘秀深谙"卿本无罪、怀璧其罪"的道理，为了不引起别人的嫉妒和猜疑，他毫不犹豫地将这些物品转运给围攻宛城的军队。

此刻，王莽得知甄阜、梁丘赐已经被杀，刘玄已经即位的消息，心中大为恐惧，于是派遣大司徒王寻、大司空王邑率兵马百万，其中身着铠甲的士兵四十二万人，于五月到达颍川，重新与严尤、陈茂会合。当初，刘秀曾经为舂陵侯家中拖欠佃租的事情前去找严尤诉讼，严尤见了刘秀就很惊奇。到这时，宛城已经被刘伯升团团围住，从城中跑出去投降严尤的人告诉他说，刘伯升的军队不掠取财物、不伤害无辜，只知道操练军队和筹划方略计策。严尤听了之后笑着说："是那个美须浓眉的人吧？怎么竟然达到了这个境界！"如此可见，此时的刘伯升和刘秀二人，忠义之名已经名扬海内，获得了众多的人心。

王莽为了能够打胜这场战争，急忙征选国内通晓兵法的六十三家数百余人，都委派为军吏；挑选和训练兵卫，招募勇猛武士，军队的旌旗辎重,千里不绝。

自从秦朝、汉朝以来出师的盛况,从来没有像这样威武雄壮的。王莽为了彻底剿灭乱军,这一次可说是赌上了自己的身家性命。

大风起兮云飞扬,决定江山是姓刘还是姓王的关键一战,正缓缓拉开帷幕。

血战昆阳

昆阳即今天河南省叶县,是当时阳郡的一个小城。前文提到,更始元年(公元23年)三月,刘秀带领本部汉军攻克昆阳。随后,又拿下定陵(今河南叶县东)、郾县(今河南郾城县)诸地。王莽此次率领百万大军,可谓势在必得。

此时的刘伯升,则在加紧攻取宛城。在此之前,刘氏兄弟和绿林军众头领就制定了作战计划,这首要的一步,就是攻取宛城。依靠其坚固,退可守、进可攻。继而号令天下,江山一统。自五月以来,刘伯升就率领数万军队日夜对宛城进行强攻,可是由于事前宛城将士一直负隅顽抗,使得城墙外敌我士兵的尸体堆积如山,却还是没能攻克它。双方都得到王莽军队即将来此增援的消息,此消彼长之下,刘伯升所部士气大挫,反之宛城守军则表现得更为英勇。

前有十丈坚城,后有百万敌军,腹背受敌的刘伯升起义军,此刻在心理上承受着巨大的压力。为今之计,只有一途可以拯救岌岌可危的刘伯升,那就是扼守昆阳,缠住王莽大军主力,为汉军主力夺取宛城争取时间。只要起义军能够夺下宛城,就能凭借坚固城池,和王莽一争雌雄。

而此刻,昆阳城只有区区九千人马,面对号称百万大军的王莽,又能够支撑多久呢?自古狭路相逢勇者胜,刘伯升此刻也顾不得许多了。他只能孤注一掷，全力进攻宛城，务必要在昆阳城破之前，拿下宛城。

五月中旬，王寻、王邑率领大军到达颍川郡的郡治阳翟，距离昆阳仅有一百多里路程。不久，王寻、王邑便与新莽守将严尤、陈茂会合。在新莽诸将之中，严尤是一个具有远见卓识的将领。他观察了战场局势，向主将之一的大司空王邑建议说："昆阳城小而坚，今假号者在宛，亟进大兵，彼必奔走。宛败，昆阳自服。"他献计让王邑将主要兵力集中于攻打宛城的刘伯升军队，这样就可以造成前后合围之势。严尤此计策，可谓釜底抽薪的绝招，再辅以王邑数十万军队，几乎就是必胜之局。只可惜，王邑一介莽夫，并未采纳。

随即，王邑下令前锋部队全力进攻昆阳。

当王寻大兵压境、旌旗漫天之时，昆阳城外众将一个个恐惧不已，他们见王寻、王邑的兵力强大，还未交锋便掉头逃跑。奔回昆阳的将士内心更是惶恐不安地惦念着妻室家小，打算分散返回各自的城邑。

刘秀见此情况，知晓如果任凭它发展下去，那自己的这支起义军就会不攻自破，不仅会守不住阳关，丢了昆阳，更会连累进攻宛城的兄弟军队全军覆没，于是急忙提议说："现在我们的兵马粮草已经很少了，而外敌强大，如今合则赢，不合则败。只要我们能团结起来守住昆阳，就能等到援军，否则所有人都是死路一条。现在如果不同心同德共谋大事，命都保不住，更何况是妻儿和财产？"众将闻言，无不大怒，其中一人语气严厉地说道："刘将军怎么敢这样说话？这不是陷我于不仁不义的境地吗？"刘秀知晓他们其实已经被自己的言语打动，此刻虽然做发怒状，却也不过是色厉内荏，于是，刘秀笑着站起，从容不迫地让大家少安毋躁。

恰巧这时派出的侦察骑兵返回，告知刘秀敌兵大队人马已到城北。众将急忙问刘秀怎么办。刘秀毫不惊慌，而是为大家铺展开一幅幅客观成败的预测图景。大家也拿不定主意，只好跟着附和了两句。

前面就提到，这时的昆阳城中仅仅只有军队八九千人，刘秀害怕守不住城池，误了全军大计，于是派遣成国上公王凤、廷尉大将军王常留守城中，自己与骠骑大将军宗佻、五威将军李轶等十三人骑马趁着晚上冲出昆阳城南门，到外面去调集兵力。

当时王莽的先锋军队到达城下的有近十万人，与刘秀军队相比，是昆阳城中守军的十倍之多。刘秀虽然作战骁勇，却很难冲出敌人固若金汤的包围圈，因此，只能采取"明修栈道、暗度陈仓"之计，用城中军队在城上擂动军鼓，让敌人误以为城中守军会出城接受挑战。自己十三人自从小路中逃出生天。

十三人每次遇见敌人，都只会躲避而不会交战，可谓谨慎小心之至，所以这一路也还比较顺利。到了郾、定陵之后，刘秀调拨各营全部兵力前去援助昆阳，但是众将却贪惜财物，打算分出部分兵力留守。如此目光短浅，怎么能够成就大事，这对任何一个有点见识的人而言，都是难以忍受的。

刘秀果然非比寻常，他不但没有半分生气，还劝慰大家不要为了一点小财就失了本性，人生中的大财还有很多，以后大业办成，少不了金银财宝。众人见他如此一说，心中羞愧难当，亦对刘秀的见识十分佩服，于是一一整装待发，听从刘秀的指挥。

王邑一心要攻克昆阳，谋士严尤为了能够让王邑改变策略，先去围攻正在攻打宛城的刘伯升军队。可严尤几次三番不惜性命向王邑进言，都没有结果，王邑知晓严尤在军中很有德威，因此自己也不能责罚于他。严尤进言，不但没有收到自己预料的结果，反而更加坚定了王邑攻取昆阳的决心。

为了尽快攻下昆阳，王邑派兵将昆阳城重重包围，升起云车从上面俯视昆阳城中，其部队更是旌旗布满原野，钟鼓之声传出数百里以外。一时间，昆阳城外杀声震天。

眼见昆阳城就要守不住了，王凤等人知道一旦城破，必定是鸡犬不留的结局。为求自保，王凤只能试图向王寻乞降，哪知王寻、王邑二人心中早就有了计划，心想这昆阳城眼看已经成了自己的囊中之物。如果是依靠敌人投降才攻下昆阳的话，一者不能泄攻不下之愤，二者则是不能显示自己军士的雄壮威武，大大地失了自己的面子。因而，对于王凤的乞降，王邑、王寻不过是一笑置之，并让使者带回去一句话，让王凤洗净了脖子等着大军来砍杀。

严尤闻讯，急忙赶到中军大帐，想要阻止王邑的做法，哪知等他到了王邑大帐所在，使者早就被轰走了。他只能看到王寻、王邑以为胜利就在顷刻之间，心里得意洋洋、不可一世的样子。

这年六月己卯日，刘秀便和召集来的队伍一起向前方推进，他率领一千多步兵和骑兵进军到距离王莽的军队有四五里的地方扎营列阵。王寻、王邑也派出数千人马迎战。

为了鼓舞士气，刘秀率一个小分队冲入敌军杀了一个回合，剿灭敌人数十余。众将眼见刘秀如此英勇，王莽军队却如此不堪一击，不禁又惊又喜。刘秀知道众将军看见自己作战骁勇，兵锋所向如入无人之境，必会前来助战，遂率领军队向前，不顾一切地奋力冲杀，王寻、王邑的军队向后退去，各部人马一齐乘胜追击，斩下成百上千敌人的首级。

刘秀乘胜追击，连连取得胜利，于是军队向前推进，而敌人则不断后退。所谓兵败如山倒，大概就是眼前的这个样子。

这时刘伯升攻占宛城已经三天了，而刘秀一心与敌人交战，对这一鼓舞人心的消息还不知道。为了尽快取得战争的胜利，刘秀便想出了一条攻心之计。他让人装扮成刘伯升的人，从宛城方向来到昆阳，报信说"宛城之下，城门已破。敌军溃败之下，或降或逃，此番大胜，军威大振，不日援兵必到"，又让送信的人故意把信失落了。

王寻、王邑得到了信，知道了这个消息，心中很不高兴，特别是现在义军众将已经取得了多次胜利,胆量更加壮大,无不以一当十。如此下去,自己一方虽然有百万大军,却难以经得起消磨,最终士气一堕,大军虽然人数众多,却都会变成一只只待宰的绵羊。

刘秀将信传到王邑之处,见他们寨门紧闭,高挂免战牌,就知道此番自己的计策已经取得了成功。他遂率领三千不怕死的勇士,从城西渡水冲击敌军最精锐的中坚,王寻、王邑的军阵一见敌人如此英勇,心中胆怯,马上就开始混乱起来。刘秀乘着锐气不可挡之势,率军队摧毁了敌阵,从而杀死了王寻。

城中的义军也击鼓呼喊,一时间呼声震天动地,王莽的军队大败,纷纷逃跑。就在这时,天空电闪雷鸣,大雨倾盆而下,滍川河水大泛滥,战败的王莽部队抢着渡河,结果不少人被挤进了河里,淹死的人数以万计,尸首堆积在河中几乎堵塞了河流。王邑、严尤、陈茂等王莽军大将眼见大势已去、无力回天,只能轻装骑马踏着死尸渡水逃走。

战罢,刘秀缴获了王莽军队的全部粮草和辎重,车辆、盔甲和珍宝,多得数不清,一些消化不了的物资只好放火烧掉,以防被别人利用。

昆阳之战后,新莽王朝的主力精锐部队几乎被全部歼灭。至此,新莽王朝犹如冢中枯骨,日薄西山,其覆灭已成定局。"一鼓作气,再而衰,三而竭",刘秀趁着敌人被打败,乘胜追击,不久便率军攻下了荥阳县。

正在起义汉军凯歌高进的时候,一个噩耗传来:刘伯升被更始帝所害,皇帝下旨命令刘秀赶到宛城谢罪,这一切,又是怎么回事呢?刘秀此番,又会有什么样的际遇呢?

第十章

一将功成万骨枯

匡世经纬，胸怀天下

在当时的时局看来，天下不可能一直这样混战下去，不管是刘玄的绿林系军队，还是流民组成的赤眉军，抑或是刘秀的汉军，他们的征战都抱着同样一个目的：一统天下。

为了重新塑造一个稳定的社会，各路军队都由开始的被迫起兵向主动起兵的方向转移，亦为了重新稳定天下，建立强大和稳固的国家政权、社会体系，有见识的人都开始逐步吞并或者歼灭其他势力。

刘秀在诛除谢躬之后，接下来的目标便是扫平数十万如鲠在喉的流民军队。这个过程，要远比诛杀刘玄难得多。

刘秀率领幽州骑兵，与吴汉、岑彭等人，一路高歌猛进，迅速歼灭了铜马、高湖、重连三部流民军。但是此时在黄河南北一带的流民军依然实力超群、声势浩大。其中，尤其以赤眉军的实力最为强大。

面对赤眉军，刘秀没有多少可以获胜的把握，他心中所想的，是如何能够兵不血刃就收服了赤眉军为自己所用。

刘玄、王莽，无论实力多么强大，当他们面对流民军之时，都显得弱小不堪。天下诸郡，闻流民军之名而色变，无人敢撄其锋。一时之间，天下无敌手的流民军，纵横捭阖、驰骋于广阔的江淮河汉之间。此刻王莽已死，只留下刘玄一人苦苦挣扎，龟缩在长安和洛阳之间。

直到刘秀大汉骑兵的横空出世,才得以湮灭流民军的嚣张气焰。一夜之间,三十万铜马、高湖、重连流民军在刘秀大军的铁蹄下,死伤殆尽。刘秀知道,兵贵神速。在灭杀谢躬之后,刘秀实力亦有所增强,更为重要的是,他的后方得到了极大的稳固。因此,刘秀在取得了一系列胜利之后,兵锋所向,直指兵力强盛的青犊军。青犊军刚刚遭逢大败,此番刘秀再度征战,不禁让他们胆战心惊。自己只有十万部众,而且多以步兵著称,在天下闻名的刘秀骑兵面前,实在是胜负难料。为保万全,青犊军只能向其他流民军求援。

短短数日,赤眉、上江、大肜、铁胫、五幡等各部流民纷至沓来,齐聚青犊军帐下,兵力虽然只有十多万人,但是其涉及的势力,则不禁让刘秀倒抽一口凉气。这不是要和天下数百万流民军作对吗?刘秀早年就深谙经商之道,赔本的买卖是万万做不得的,因此,刘秀不能让自己的幽州骑兵去和流民军硬碰硬,否则杀敌一千、自损八百,刘玄等人坐收渔翁之利,就极为不妙了。只有在关键时刻,将自己的骑兵用上,才是为将者应该做的事情,而眼下,只能坐等时机,一来或许可以招降一部分流民军,二来则可以让敌人在巨大的消耗中不战而溃。

流民军中也不凡有识之士,见此自然明白刘秀的意图,眼见大军消耗甚巨,流民军将领悍然决定,夜袭刘秀大营。可惜他们遇到了耿乡侯耿纯。耿纯此人,不仅英勇善战,而且对刘秀忠心不贰,他曾经为了表示自己的忠心,将自己祖上传下来的房子悉数烧毁,同时还令家人都跟着大军行动。

这天夜里,青犊军大举来犯,一时之间,汉军营前,喊杀声声震天地,紧接着,如蝗虫一般的箭雨从天而降,汉军差点就乱了手脚。幸好耿纯马上就明白,敌人这是要让自己先乱了阵脚,再趁势攻取营寨。于是,耿纯急忙率领数千铁骑,从青犊军后面迂回杀出。青犊军哪里料到,汉军不但没有半点乱象,而且竟然会来一手"螳螂捕蝉、黄雀在后"。刹那间，青犊军就大乱阵脚，偷袭之举也就宣告失败。但是青犊军等流民军并没有损失多少，大军战力犹存。要想青犊军就这样放弃攻杀刘秀大军的机会，实在是不可能。于是，青犊军再生一计，决定去偷袭汉军的粮草重地。

可惜他们不知道，此时的汉军，无论是在人心上、士气上还是在战力上，都如同铁桶一般，坚不可摧。此前耿纯打破了敌军的夜袭，使得汉军初战告捷，自然在士气上更胜一筹。刘秀知晓耿纯全家随大军出征，对耿纯的赤胆忠心十分欣赏，但是他知晓，自己当初就是犯了这样一个兵家大忌，才使得刘氏一门在进攻宛城的过程中，死伤无数。所以刘秀这次为了剪除耿纯的后顾之忧，就任命耿纯的族人耿伋为蒲吾长。由耿伋带领着耿纯的全家老小，派精锐骑兵护送其北上，安顿到常山国真定城西北八十里的蒲吾县（今河北平山县）居住。此举不仅使得汉军得以轻装简行，亦使得汉军将士从上到下，人人感念刘秀恩德，无不立誓为之效死。

不硬拼还好，如果流民军与汉军正面冲突，势必会遭受汉军的雷霆一击。

这一次，轮到看护粮草辎重的虎牙大将军铫期表现实力了，他本就是汉军之中的著名将领，精通兵法，此番刘秀派遣他来担此重任，可见刘秀对粮草辎重的重视非同一般。

果然，刘秀的布置发挥了效果，流民军刚一行动开来，铫期就接到了敌军要来劫持粮草的密报，一方面加紧备战、转移粮食等辎重，另一方面，则是飞马向刘秀禀报军情，请求刘秀的援助。待得青犊大军杀到，铫期早就做好了完全的准备，虽然他的兵力不多，但是此番战斗却表现得特别英勇，加上汉军的援军很快就杀了过来，流民军当即大惊失色，知道此番计议又不能取得任何效果了，无奈之下，只能退兵。

正当流民军收拾妥当，准备回撤之时，汉军十万大军悉数杀到了，刹那间，尘烟滚滚、杀声震天，流民军虽然战力下降，但仍然可与汉军一战。半日之间，战场上就尸横遍野。汉军终究在数量上比不过流民军，几番大战下来，虽然流民军损失惨重，但是汉军亦伤亡很大，士气上也不如当初进攻之时一样的旺盛。恰在此时，刘秀急令都护将军贾复率领精锐的骑兵预备队上阵。骁勇剽悍的贾复一上阵，马上稳定住了战局。双方继续激战，一直杀到正午时分，依然难分胜负。

刘秀知道汉军已经疲惫了，所以下令鸣金收军，告诉贾复等吃完中午饭再打。谁知贾复却是个"拼命三郎"，不到黄河心不死，对刘秀的话竟然不肯听从。他慨然答道："汉军既然已经疲乏不堪，那么可想而知，此时的敌军更是虚弱不已，待末将先击破了贼人，然后再就食不迟！"遂率众转身杀向敌军。

青犊军猝不及防，很快就陷入了被动。而汉军首领贾复更是在乱军之中表现得勇猛无比、所向披靡。他纵马飞奔，冒着飞矢走石，一手持着令旗，一手挥舞长剑，身先士卒，冲杀在最前面。汉军将士们看到都护将军身先士卒地英勇冲锋，顿时士气大振，无不以一当十，拼死上前，向青犊军猛扑过来。

片刻之间，青犊流民军就遭遇大败，狼狈逃走。刘秀终于不忍心责罚于贾复，让其功过相抵。但在其内心中，贾复的地位则在无形之中被抬到一个很高位置。刘秀知晓，贾复可堪大用，为免他再次冲杀在前、最终死于马下，刘秀此后一直将他安置在自己的身边，为自己征战天下、治理国家出谋划策。

经此一败，青犊军的主力基本上被斩杀殆尽，汉军没有耗费多大的力气便大获全胜。青犊、大肜两部几乎彻底被打垮，从此一蹶不振。赤眉、上江、大肜、铁胫、五幡五部联军也全线崩溃，四散奔逃。反观黄河南北大势，而魏郡、清河国、河内郡、东郡一带的流民军队伍也被汉军肃清。除了尤来、五幡两部数十万人向北进入河间郡以外，各地流民军队全部被刘秀降服。此后刘秀兵到之处，各部无不闻风丧胆、俯首称臣。流民军再也不敢轻易向刘秀大军挑衅，刘秀终于实现了他战略意图的第一步，祸水西引，将流民军的目光吸引到更始帝刘玄的身上。

现在还不到称帝的时候

刘秀在取得对赤眉、上江、大肜、铁胫、五幡五部联军的战争胜利之后，便命擅长算命的人前来卜了一卦，卦象显示，只有当刘玄死后，他才能顺天应命、名正言顺地登基称帝。

刘玄一日不死，刘秀一日难安。

终于，刘秀经过与流民联军的大战，将威胁引到了刘玄的身上，他终于可以做一回渔翁，得一次渔利了。

此刻，樊崇和他的一百万赤眉军，正在为自己的生计发愁。此前他们只要粮草短缺，便可以掠取天下，然而几年下来，连连战乱，百姓食不果腹、衣不蔽体，哪里还有粮食，即使到了一些名城重镇，亦一样得萧瑟不已。无奈之下，樊崇只能想着去天下粮仓河北猎取一番。哪知正当要有所行动之时，前方却突然传来败报，流民五路联军，三十万兵力在刘秀的攻势下，几乎全军覆没。这不禁让樊崇大跌眼镜，他发现，这刘秀非比寻常，眼下还动他不得。

为了免于"偷鸡不成蚀把米"的结局，樊崇决定，既然刘秀已经和刘玄在实际上分立，那么自己去攻取长安、洛阳等地，刘秀定不会妄自行动。只是手下诸将都对攻取长安心存疑虑：一则都倾向于东归青州、徐州，享受逍遥快活的日子；二则可以免于直接与实力强大的更始政权作对。樊崇能够成为这百万流民的最高首领，自然非比寻常,他当即看出手下心中的症结所在,大笑道:"诸位莫慌,京师长安富甲天下,只要我军杀进了长安,就能够大块吃肉,大碗喝酒,大讨漂亮女人。如今长安刘玄懦弱无能,使得君臣背离、人心丧乱。我军如今带甲百万、战将千员,要攻取长安,如探囊取物。"众属下闻言,人人摩拳擦掌、欣喜异常,准备到时大干一场。

不久,赤眉军分为南北两路向长安进军,其中樊崇、逢安率南路军攻武关;徐宣、谢禄、杨音等人走陆浑关。两路大军,双管齐下,向更始政权发起了猛烈的攻击。

更始政权此时也已经如风中的蜡烛,随时都会有熄灭的危险。特别是在谢躬被刘秀诛杀之后,刘玄不仅丧失了自己在河北的势力,亦让自己无人可用。天下之大,刘玄只剩下长安和洛阳两郡可以依靠。于是刘玄派出两路大军,固守长安、洛阳,随时准备抵御刘秀的进攻。

前番提到,流民军五路大军,尚有两股实力强劲的尤来、五幡流民军还没有肃清。这两股实力直接插入自己的后方所在,让刘秀如坐针毡,必定要灭之而后快。于是刘秀决定,即刻北征,一方面可以免除自己的后顾之忧,另一方面,则能够顺势收取幽州十郡,以做自己的战略大后方。

恰在此时,赤眉军兵分两路进取长安的消息传到刘秀耳中,刘秀当机立断,原北征的计划照常进行,同时,他让邓禹率领两万精锐部队,趁火打劫、收取长安。与此同时,让寇恂守卫河内郡,拱卫河北。霎时间,刘秀第一次在千里之地布置了三步要棋。在诸侯并起、群雄并立的乱世之中,刘秀逐渐显示出其勃勃的生机。

反观当时的其他割据势力,则止步不前。

西顾,扶风人公孙述盘踞巴蜀,进踞成都,但是却一直没有较大的成就。

南望,汝南人田戎攻陷夷陵,自封为扫地大将军。起兵后,攻略周边各郡县，虽有部众数万人，却没有坚固的后方和远大的前景。

再看秦丰起兵于黎丘，自起兵后，虽然部下英勇，却囿于实力不足，名不正言不顺，多年下来，只是攻得宜城等十余县，有部众万人。而且秦丰还自不量力地封自己为楚黎王，让天下人耻笑。

乱军之中，还有平陵人方望，他看到更始政权日趋没落，就把刘婴立为天子，刘婴本是王莽当初立的婴儿皇帝，后来被废。方望将刘婴立为皇帝之后，还封自己做了丞相。刘玄一怒之下，立即派丞相李松围剿，刘婴、方望兵败身死。刘婴之死，其实应该算不上什么大事，然而刘玄却因此而大伤人心，因为他杀害了当今天下最为正统的刘婴。

唯一可以与赤眉军、刘秀汉军和绿林更始政权一争天下的，就是梁王刘永。刘永很早就以刘氏宗亲的身份纳贤起兵，攻下济阴、山阳等二十八城，声势浩大。只可惜，刘永自起兵之日起，就一直受制于青州和徐州一带的赤眉军，更没有一统天下的决心、勇气以及战略计划。

此时此刻，并列天下二雄的刘玄和樊崇，正在长安和洛阳附近展开大战。一个月的时间不到，形势急转直下，刘玄军节节败退，樊崇的赤眉军占据了弘农中部地区之后，犹如一柄利剑，将更始政权拦腰斩为东西两段。此地如同一条蛇的七寸位置，一时之间，被赤眉军占据，西去可以攻取长安，东去可以夺得洛阳。刘玄此刻方才明白赤眉军的战略意图，大惊之下，急忙命令讨难将军苏茂东出长安，进入弘农境内截击赤眉军。可惜无论是在兵力还是在战力上，苏茂所率领的部队都难以企及赤眉军，很快，刘玄的军队就大败。苏茂见此，只能带着残部投奔洛阳大司马朱鲔。

更始三年（公元25年）三月，败报迅速传到刘玄的耳中，此刻的刘玄终于领略了赤眉军的厉害，但是他并不会就此屈服。于是，刘玄急令丞相李松率军东出长安，大司马朱鲔西出洛阳，对赤眉形成东西夹击之势。数日之后,以李松为主力、朱鲔为助攻的更始军与赤眉军在今河南灵宝市西北黄河岸边展开了一场惊天动地的大战。

然而这一仗,刘玄的更始军依然没有能够取胜,三万余人战死,使得李松所部元气大伤,最终,李松带着仅仅数万残兵败将掉头西逃长安。经此一役,以绿林势力为主的更始军再也不敢出城与赤眉军野战。

冯异的神来之笔

与此同时，邓禹的汉军也因为赤眉军和绿林更始军的无暇顾及，一路势如破竹、高歌猛进。就在赤眉军数十万大军聚义弘农郡中部地区的枯枞山下之时，邓禹的西征大军也趁机向洛阳和长安方向进军，连战连捷，很快包围了安邑城（今山西夏县西北）。

其实，在刘秀率领大军北伐之前，就派寇恂负责向北边运送粮草和辎重。而军事防御方面的事情，则由冯异全面负责。

冯异终归没有让刘秀失望，一方面，他积极加强孟津一线的防务事宜，另一方面，则时刻关注洛阳方面刘永等人的动向，一旦有机会，必定会率众出击。因此可以说，冯异是一名善于思考、拥有全局观念的名将，正是他的神来之笔，一举改变了中原大势。

因为冯异将自己的目光，盯向了洛阳守将之一的李轶。俗话说得好，对于一个人最为了解的，不是他的亲人和朋友，而是他的对手或者敌人。要说当今世上，最想杀李轶的，莫过于刘秀，昔日刘伯升之死，可以说，全部拜李轶所赐。然而世移事异，经过这么久的征战，刘秀和李轶已经不是一个层面上的人物了，昔日的滔天血恨也就逐渐淡化。此时此刻，冯异军中最了解李轶的人，非刘隆莫属。

刘隆本就是刘秀的宗亲，因为倾慕刘秀的才德，而从洛阳守军之中叛出，投了刘秀。只是在临行之前，他对刘秀说道，自己投了刘秀不要紧，只是担心家人会受到牵连，因此，他只能帮助汉军攻打除更始军以外的各处割据势力。可惜，他没有料到，李轶在知道刘隆投奔刘秀去了之后，竟然痛下杀手，将刘隆的妻子、儿女等无论老小全部抓起来，满门抄斩。从此，刘隆便一心一意地跟随汉军，与李轶有了不共戴天之仇。

此番刘隆得到刘秀的重用，与冯异一起，合力守卫孟津一线。在对付李轶上，刘隆自然是知无不言、言无不尽。他见时局变动至此，便心生一计，向冯异献出。

不日，李轶就收到一封来自冯异的书信。信中言语情谊恳切，虽无一言论及招降之意，却大谈"天命所归"，句句诛心，劝李轶"识时务"。让李轶在感激之余，亦心中忐忑。他不是不知道，刘秀对于自己当初构陷刘伯升之举，心中还是存在一些顾虑的，只是这么些年过去了，也没有见到刘秀有什么动作。而且当初杀害刘伯升的，并不是他李轶，而是刘玄。自己只要立下大功，非但可以补足自己过去所犯下的错误，而且还能够在今后的仕途上，为自己添一个筹码。至少，当前更始衰微，刘玄已经是日薄西山，而赤眉军没有一个人和自己有交情，要谋取以后的荣华富贵，只能投了刘秀。

为了确保万全，李轶亦给冯异回了一信，旨在试探刘秀是否真心地要收纳自己。此刻他尚自不知道，刘秀已经北伐而去，写信复信之举，不过都是冯异自作主张。冯异没有经过刘秀的同意，就对李轶再次写信说，萧王一向宽宏大量，对于个人之间的恩怨看得比鸿毛还轻，只有国家大事才能让其心动一二，李轶大可以打消顾虑，事成之后，不但会前嫌尽释，还能够为李轶加官晋爵。李轶见信之后，哪里有不喜的道理，也正是冯异这一次信件往来，让李轶甘心归附于他，为冯异大展宏图创造了千载难逢的机遇。

李轶在和冯异商议完毕之后,在洛阳城中再也无所作为,整个洛阳的数十万大军,都成了无头苍蝇。此刻刘秀尚自在北方征战,突然传来冯异的一连串捷报:

黄河之北的冯异连拔天井关诸地,旋又攻克上党郡的两座城池,极大地稳固了刘秀的后方统治。此后,冯异挥师南下,连克数城,招降更始守军十余万。而更始朝廷的河南太守武勃,在败讯频频传来之际,来不及向洛阳禀报,便急忙率军征讨各路投降的军队。哪知到了士乡县,武勃所部还来不及展开阵形,便中了冯异的埋伏。当此之时,武勃急忙派遣自己的亲卫前去洛阳求援,只可惜他虽然率领军队顽强抵抗了一天有余,却始终不见洛阳方向有所行动,甚至连一纸飞信也无。最终,武勃只能坐看自己部队全军覆没,自己也身首异处。

刘秀初闻捷报,自然喜出望外,可是细看之下,才知道这一切都是拜当初那个构陷自己亲生大哥刘伯升的李轶所赐。刘秀虽然不再时时谨记刘伯升的私仇,但并不代表他能够就此忘记。而且,此番他知道李轶投效了自己,便生出了另一条计策,可以将李轶的死发挥到最大的效用。

于是,刘秀当即向冯异下令:"李轶为人阴险奸诈,他的话一般人不能得其要领。为今之计,你应该把他的信公开,告诉更始各地的太守、都尉作为警备之用。"这就是刘秀和冯异的区别,刘秀志在天下,一人一地皆不过是他手中的棋子,得与失他都不会在乎。而冯异则是放眼于夺取洛阳,对于全局缺乏必要的考虑,因此洛阳的关键人物李轶便成了他争取的对象。冯异虽然对刘秀的做法有些难以理解,但是也不能违背刘秀的意志,于是,他马上向各郡县发布公文,其间写道:"此间是李轶的来函,他表面上愿意归顺萧王,实际上却居心叵测,请诸位小心防范,且莫为之所骗。"

果然，李轶的这些信，很快就传到了洛阳实际意义上的最高首领、大司马朱鲔的手中。虽然名义上朱鲔的职位没有李轶高，但是李轶却在洛阳军中没有大的实权，因而朱鲔为了不引起不必要的骚动，便命属下秘密杀死了李轶。如此一来，刘秀报得个人私仇，同时亦让敌军内部，特别是洛阳方面产生分化，更让自己不至于背负杀害功臣的名声，一石三鸟、高明之至。

终于，刘秀的这一计策发挥了它的效用，洛阳变乱开始，内部纷争不断。此消彼长之下，冯异则军威大振，原本数万兵马，在短短的几个月时间内，就有了和洛阳三十万大军相抗衡的实力。刘秀开始以迅雷不及掩耳之势，迅速崛起。

这年五月，朱鲔、苏茂、贾强等人率领三十万人马，向北方的河内郡主动出击，应该说，朱鲔此举的的确确达到了扼敌咽喉的战略效果。只可惜"谋事在人、成事在天"，在更始军北渡黄河之时，竟让汉军哨兵发现了军队的行踪，最终，在城中寇恂和城外冯异的联手攻击之下，两面受敌的更始军大败而回，元气大伤。

与此同时，北方战场之上，刘秀也取得了一系列的胜利。只是后来尤来、五幡、大枪三部在易县设伏，让刘秀大败，使得北方战局陷入了僵持不下的局面。

刘秀为求速胜，在范阳一战之中，亲自率领数千人马，去奇袭流民军，只可惜半路便与流民军的大队人马遭遇，最终全军覆没。只有刘秀一人跳下山崖，所幸被汉军救下，有惊无险、幸免于难。然而此举，却让流民军更加害怕刘秀，因为他们数十万兵马，竟然还是让刘秀逃出升天，这不禁让他们想道，莫不是上天在暗中助他？多年前的卜卦之言依旧历历在耳，流民军众位头领当即决定，迅速逃回。哪知刘秀要的就是这个时机，他带领数万兵马，一路追击，使得流民军再次遭逢大败。

数月之后，河北一带的流民军终于被全部肃清，刘秀可以毫无顾忌地征战天下了。当然，以赤眉军为首的流民军大部，已经紧锣密鼓地在进攻长安。刘秀这边胜利不断，终于，在部队行军到常山国平棘县（今河北赵县）之时，吴汉等将领开始向刘秀进言，要求他登基帝位。

刘秀登基定天下

其实此前马武就对刘秀说过类似的话。想当初，冯异等人捷报频传，刘秀亦在北方取得了无数胜利，马武对刘秀说道："大王一向恭敬自守，视名利为浮云，但末将以为，大王应早日登临大位，然后征讨四方——看看天下群小，冒着杀头的危险起事，哪个不是想做皇帝呢？"马武到底是一个军人，不懂得迂回之道，言辞之间竟然将刘秀和天下诸贼相提并论。此事自然成了刘秀行军途中的一个小插曲，就此略了过去。但是这并不代表刘秀没有动心。

此番旧事重提，而且是吴汉率先提出，刘秀会不会应允呢？刘秀心中也犹豫不决，一方面，他担心自己实力不足，一旦自己登基称帝，天下英雄要么归附、要么反叛，自己能否一一安抚或者剿灭他们，实在是难以预料；另一方面，洛阳和长安这两个天下重镇都还没有拿下，自己此刻登基，时机是否成熟？此外，更始政权未灭，刘玄依然是正统，而且自己的养父刘良一家、结发夫人阴丽华、大姐刘黄、三妹刘伯姬、大哥的两个遗孤刘兴及刘章都在南阳郡的宛城，被更始政权刘玄控制着，如果与刘玄公然翻脸，他是否会不择手段，杀害自己的这些亲属呢？

刘秀的迟疑不是没有道理的，但是"智者千虑，必有一失"，他没有想到，此番刘玄败亡已经是在所难免的事情，自己登基不但可以重新塑造一个正统,而且还能够借机让属下封侯拜将,让天下英雄归附。就其利弊而言,当然是利大于弊。而众位文臣武将的劝进,都没有说到点子上,直到他最为信任的耿纯,说出了他最想听的话:"大王手下的众人离开亲人,冒死相随,为的当然是建功立业、封侯拜相、光耀门楣。若大王不称帝,那么这些人的殷殷期望岂非要落空?他们还能继续在大王麾下拼死效力吗?"刘秀派人把守卫孟津的将军冯异与天井关守将、关内侯王梁等人从河内郡招来,以便自己了解四方的动静。二人闻命,星夜兼程地北驰而去。拜见了刘秀之后,刘秀当即向他们征求对当下时局的看法,冯异说:"刘圣公的失败已成定局,大王应该顺应天意人心早登大业。正所谓天予不取,反受其殃。望大王明察。"

诸位将领纷纷赞同,刘秀见此,知道时机成熟了,于是悍然决定,登基称帝。

刘秀将登基的相关事宜,都交给了冯异全力主持,同时,刘秀还叮嘱众将领,在登基之前,不可以太过张扬。

自古每一个皇帝,都要将自己打造成顺天应命的形象,是为"真命天子"。而拥立天子最为核心的舆论力量,就掌握在士人的手中。可见士人自汉武帝以来,其口中笔下的力量是何等巨大,他们如民心一般,可以让一个帝国崛起,亦可以让一个帝国败亡。因此,为了封住天下悠悠众口,刘秀登基还需要一个名正言顺的理由。

恰好此时,有个叫作强华的儒生从长安飞马赶来。强华此行只有一个目的,就是向刘秀献上一封谶符。强华是何许人也,他正是当年刘秀在长安求学之时的同窗,只是二人志趣不同,所以关系并不是很密切。如今刘秀之名声如日中天,威加海内、声震寰宇,昔日同窗自然会来寻一个好处。当然,从来没有无付出便得收获的道理,强华正是看中了刘秀目前急切需要一个晋升帝位的理由,便飞马前来,为刘秀献了一个名叫《赤伏符》的谶符。谶符上说道:"刘秀发兵捕不道,卯金修德为天子。四夷云集龙斗野，四七之际火为主。"

这句话云山雾罩的，但它的意思只有一个，那就是刘秀此刻登基，即是顺天应命、名正言顺。冯异闻听此谶符，自然喜出望外，继而借助它写下祝祭之文。

于是，在几番假意推辞之后，刘秀顺势登上了他梦寐以求的皇帝宝座。更始三年（公元25年）六月二十二日，冯异作为司仪，主持刘秀的登基大典，期间，刘秀带领诸将祝祭天地神祇，同时当众宣读祝文。自此，刘秀宣布改元为建武，并大赦天下。此外，刘秀还下诏将鄗城改名为高邑，作为自己的龙兴之地。

自刘秀起兵以来，历时久远，其麾下也逐渐聚集了一大批能人猛士。他们拥立刘秀为皇帝，自然也是想他登基之后，得以分一杯羹。最终，这些人得偿所愿，封侯拜将，得享尊荣。

几家欢喜几家愁，就在刘秀紧锣密鼓地进行登基大典、为众人封侯拜将之时，刘玄则步入了人生中的终结点。

西迁长安乱

自刘秀称帝之后，天下一片混沌，寻常之人，一时之间，自然找不到未来的方向。民间百姓关注的，也只是谁能给予他们衣服、粮食和住所，而不会去关心谁是将军、谁是帝王。真正关注谁做皇帝的，不过是那些王侯将相、王公贵族。他们为求自保，就必须不断地进取。所以至此天下大乱之际，各处纷纷起兵。

即使在更始朝廷内部，无论是小小士人抑或者是王侯将相，都各自暗怀鬼胎，他们从内心深处，都不再拥护刘玄，只是各自的出路，却都有所不同。

眼下，赤眉军一路西进，更始政权的中央政权遭受到赤眉军的沉重打击。眼看大厦将倾，却无一人愿意出来力挽狂澜。并不是他们没有实力，而是他们不愿意再为更始帝刘玄卖命。例如此刻的更始政权内部，张步为求一方诸侯的地位，遂起兵于剧县；李宪为保自己不和刘玄一般衰败，亦占据了庐江；秦丰则盘踞在黎丘四处观望。当然，这之中，尚还有一些原绿林系的将领，为了维持中央政权的稳定，依旧镇守四方，例如朱鲔守卫洛阳，尹尊屯驻郾城，刘赐守备宛城。仅仅洛阳城以及周边的守军，就达到二十万人以上。再加上其余各地的更始军队，兵马总数更是在五六十万。如果能够统一起来，再有一位得力的统帅，逐鹿中原之日，他们也未尝不可一问鼎之轻重。

可惜他们为了自己的利益，选择各自为战，最终免不了被敌人各个击破的结局。而反观天下大势，除了刘玄、樊崇、刘秀等人具备争夺天下的实力之外。边陲之地，亦不乏能人异士、实力强横之人，如控制着益州、巴郡、牂牁、广汉、犍为、蜀郡、永昌、越巂等地的"巴蜀之王"公孙述，控弦百万、战将千员；占据着天水、陇西、北地、上郡、安定、武都、西河七郡之地的隗嚣，居高临下、虎视中原；盘踞在河西敦煌、武威、酒泉、张掖、金城五郡的窦融，兵力强悍、战将勇猛。这些人都是当世一等一的枭雄，不仅具有问鼎天下的野心，亦具备夺取神器的实力。

刘玄此刻正处于诸强环嗣的境地，早在迁都长安之前，就有人对刘玄陈述迁都长安的弊病，其间言道，迁都之弊，可见三点。

一者，迁都长安，粮食供应问题难以解决。特别是脱离了河北、河南等地，天下粮仓从此距离更始政权的首都千里之遥，继而拱手让出其在战略上的主动权，使得更始政权在战略上陷入了极大的被动。

二者，豪宅、美女、花花世界，这些曾经都是刘玄为了鼓舞绿林系将领同意西迁长安的筹码，此刻却成了刘玄灭亡的掘墓人。迁都长安之举，使得以绿林军将领为核心的中坚力量迅速腐化蜕变，日益堕落，丧失了进取心，更始政权很快就沉溺在酒池肉林之中，丧失了夺取天下的决心和勇略。

第三，则使得更始政权在控制中原上，远远不如洛阳方便。虽然此刻洛阳依然在更始政权手中，但是"将在外，君令有所不受"。更始政权的中央权力机构，其控制力甚至难以万全地渗透到洛阳各处，更何况是通过洛阳虎踞中原、鲸吞天下呢？

当然，对于迁都，刘玄也有他自己的考虑。司马迁就曾在《上林赋》一文中这样描绘以长安为中心的关中各地："终始灞、浐，出入泾、渭；酆、镐、潦、潏，纡余委蛇，经营其内，荡荡乎八川分流，相背异态。"可见当时关中之地，实在是富庶无比，迁都长安，可以为更始政权的巩固提供强大的助力；与此同时，刘玄也认识到，当时赤眉军太过强大，兵力总数有几百万之多，纵横天下，几乎无人能挡其锋。而反观洛阳四周，一马平川，几乎没有任何险关要隘可守，如果敌人大军攻破洛阳四周屏障，那么洛阳也必将成为别人的囊中之物。只有关中三辅，东有函谷关，西有大散关，南有武关，北有崤关，自古号称为"四塞之国"，故称关中。凭借关中险要关隘，刘玄便可以躲避赤眉流民军的正面攻击。因此，迁都长安不失为一个明智的举动。此外，刘玄一直自诩是刘室正统，自然要和西汉刘氏皇族一般，定都长安，他相信，这样不仅可以保持军事上的不败地位，同时也能取得政治上的优势地位。

在利与弊的权衡之间，刘玄和更始政权的文武群臣最终选择了从洛阳迁都到长安，只是当时他亦有过疑虑，到底迁与不迁，谁对谁错。也许只有历史本身，才能够给予他最为正确的答案。

内忧外患，风雨飘摇

更始政权败亡似乎已成不可挽回的事情，而加剧这种败亡的，除了更始政权本身的腐败无能、赤眉军的一路西进之外，还有以邓禹为代表的刘秀汉军的西征。更始三年（公元25年）正月，邓禹率领他所挑选的两万精锐部队，以韩歆为军师，李文、李春、程虑为祭酒，樊崇（与赤眉军领袖同名，却不是同一个人）为骁骑将军，耿欣为赤眉将军，宗歆为车骑将军，冯愔为积弩将军，邓寻为建威将军，左于为军师将军，挥军西进。可以说，为了这一场战役，刘秀可谓是费尽心机，大军果然不负众望，很快就突破太行山天险，进入上党郡境内。此后，大军一路凯歌高奏，经历多场或简单、或艰难的战斗，先后攻陷了上党郡内的箕关以及河东郡的首府安邑。邓禹拿下安邑，不仅彻底平定了河东郡全境，还有一个重大的收获：他还得到了一员大将——张宗。这张宗不仅骁勇善战，而且精通兵法，正是邓禹西征最为需要的人才，邓禹利用其将才，在战场上奋勇拼杀，加速了这场战役的胜利进程。不久，整个河东郡都归入邓禹囊中。数月之后，由于赤眉军的任意烧杀抢掠，民心渴盼归附。汉军招募了十几万军队，并在衙县与守城的更始政权名将，即中郎将、左辅都尉公乘歙的十几万军队的交战中，大获全胜。

面对邓禹的大军，刘玄忧心忡忡，担心不久邓禹大军就会攻破自己苦心在东方构筑的防线，突然出现在长安城外。更让刘玄担心的是，皇朝内部也出现了问题，更始三年（公元25年）六月，王匡、张卬在河东被邓禹率领的西征大军打得大败，率领残部仓皇逃回长安。这一下，算是彻底地惊醒了沉醉在温柔乡中的更始政权的诸位头领，有人甚至建议，在长安城中搜集财物，从赤眉军中杀出一条血路，而后回到南阳，以图东山再起。这些话看似没有什么道理，却说到绿林系诸位将领的心坎上去了，刘玄为此担心，也许不久之后，自己的帝位会在皇朝破灭之前就不保。

王匡、张卬等人在向刘玄进言之时，竟然被其大骂了一顿。于是，众人决定铤而走险：发动兵变劫持刘玄，胁迫着他一起归还南阳。不过，仅仅靠绿林系的力量还不足以成事。为了确保政变成功，必须还要联络其他的力量。有人提出：御史大夫隗嚣器略深远，可图大事。这隗嚣本是皇帝刘玄的心腹，官居御史大夫，然而，他却为了保全更始政权，向刘玄进言道："陛下自从进入长安以来，举措乖张，政务失驭，人心不附。臣以为，陛下不如逊位，归政于国老刘良。如此一来，人心可安，赤眉自去。"刘玄闻言，当即大怒，这还是昔日自己倚为股肱的重臣吗？刘玄考虑到眼下军情紧迫，最终没有杀他，担心中已经生出了嫌隙。隗嚣也深有自知之明，此后一直称病不上朝。

很快，王匡就找上了隗嚣，双方一拍即合。当然，这并不代表隗嚣就会甘心随着王匡等人造反，他只是在寻求一个活命的机会，到他们发动变乱之时，趁乱返回自己的老巢天水。可惜，人算不如天算，刘玄似乎对此有所觉察，紧急征调王匡、陈牧等人出镇新丰，以去抵御赤眉军。刘玄的这一举措，彻底打乱了王匡等人的计划。

王匡一走，留下的张卬等人明白，樊崇何等军威，王匡此去，无异于以卵击石，怕是"黄鹤一去不复返"了。为了保全性命和富贵，他们毅然决定，重新拟定计划，同时找寻新的合作伙伴。这时的长安，平氏王申屠建主持朝廷日常事务，鞬尉大将军、淮阳王张卬，执金吾、大将军、穰王廖湛，随王胡殷等三人则负责把持长安城中的军务。御史大夫隗嚣则被冷落在一边。可见此时的刘玄，已经极度不信任自己曾倚仗的御史大夫了。只是他没料到，"夫妻本是同林鸟，大难临头各自飞"。昔日一个个宣誓忠于自己的这些大臣们，竟然联合到一起，准备在九月立秋日这天，趁刘玄出席"腰腊社伏"典礼的机会，将其劫持，然后抢劫长安财宝，东归南阳。幸好这个计划被刘玄的一个臣下知道了，告知了刘玄，刘玄才得以未雨绸缪、把握先机。最终，刘玄决定要诛除申屠建、张卬、胡殷、廖湛、隗嚣等五人为首的叛乱者，但只可智取，不可力敌。于是，他决意称病，让五人前来探望。隗嚣似乎有所觉察，趁着他们进宫、皇帝放松警惕的机会，准备逃出长安。也正是他，救下了张卬、胡殷、廖湛三人。皇帝刘玄计划等到五人悉数到齐之后，再一举拿下他们，斩草除根。可惜隗嚣一直没到，刘玄便决定等等，然而通过明察暗测，张卬、胡殷、廖湛三人纷纷发现不对劲，于是一个个相继找理由离开。只有一向聪明的申屠建此刻却是犯了糊涂，最终被刘玄抓住，斩首示众。

刘玄立马派人包围御史大夫府，同时搜捕张卬、胡殷、廖湛三人。这三人一路直接回到军营，带兵冲向御史大夫府。此刻邓晔正在猛烈地攻击御史大夫府，突然张卬、胡殷、廖湛带兵前来，两面夹击之下，邓晔顿时大败。隗嚣也趁势带兵西出长安，赶回天水，在那里重新召集旧部，控制了天水郡一带。从此，他自称"西州上将军"，割据一方，不再服从任何人的号令。而张卬、胡殷、廖湛三人，则迅速率领部队包围了皇宫，最终迫使刘玄仓皇逃出长安，奔赴新丰，投奔他的老丈人赵萌。

到达新丰，刘玄急忙命令王匡、陈牧、成丹来见他。陈牧、成丹等人不防刘玄设下陷阱，急忙应命来到刘玄帐下。刘玄二话不说，就命左右将这二人抓住，并问这二人，是否知道自己有罪。陈牧、成丹二人自知大势已去，遂没有多加辩驳，便被推出帐外斩首。王匡因为是主将，暂时幸免于难，但是"皮之不存，毛将焉附"？王匡知道，只要危机一过，皇帝就会对自己痛下杀手，于是，他迅速整合本部人马，返回长安。此时，丞相李松带领的勤王兵赶到，偕同赵萌手下的军队，一起反攻长安。一个月之后，王匡等人败逃，刘玄重新做回更始皇帝，只是经此一役，本来就岌岌可危的更始政权，更加风雨飘摇。就连刘玄曾经发号施令的长乐宫也不能再住，他只能搬到长信宫居住。

赤眉立君更始灭

更始三年（公元25年）三月，赤眉军在菸乡地区击败了丞相李松率领的更始军主力，全歼其部三万多人，打破了更始政权在东线的重要防线。从此以后，赤眉军一路高歌猛进，又接连攻陷湖县等更始重镇，作为自己暂时的立足之地。此时，赤眉军已经是拥兵数十万，更对更始政权的中心所在长安虎视眈眈。

本来，以更始政权和赤眉军的相对实力而言，赤眉军要获取长安，无异于探囊取物，容易之极。但是在这之前，樊崇还必须要册立一个皇帝，同时理清各级职能部门的关系，只有这样，才能约束流民军，让他们不至于到了千古名都长安之后，得意忘形、胡作非为。同时，也能够借此提高赤眉军的凝聚力和战斗力。

在此之前，隗嚣的军师方望，因拥立刘婴而被刘玄派兵剿灭身死。他的弟弟方阳逃往弘农郡，向赤眉军献降。方阳素有才智，被首领樊崇任用为谋士，参赞机务。樊崇亦是一介武夫，对于朝中各处机要及其职能，所知甚少，只能向方阳请教。方阳当然是知无不言、言无不尽。

其实，当今天下诸侯政权的官职部门设置，大多数都是仿效西汉旧制。方阳将这些惯例一一向樊崇解释说明，樊崇深以为善。

针对设立皇帝事宜，方阳亦建议立刘氏宗族子弟为皇帝，名正言顺地讨伐天下群雄。六月中旬，赤眉军行军到了郑县（今陕西华县）境内，樊崇召集诸首领议事，决议向四方访求一名刘氏子孙，将其立为赤眉天子。最终赤眉人马寻到了景王刘章的后裔三人，分别是刘恭、刘茂和刘盆子。这三人的家族家道中落，从小没有必要的教育，正好能够被樊崇这等人所控制。然而，赤眉众首领们却没有料到，竟然一下就寻到了三个合乎标准的人。到底应该册立谁为皇帝，让众人颇为为难。最终，通过抓阄的方式，刘盆子被流民军奉为应命天子。

天子既然册立，刘盆子自然要开始对这些功臣们封侯拜将，其中，樊崇为御史大夫，徐宣为丞相，逢安为左大司马，谢禄为右大司马，将领中自将军杨音以下都封为列卿。当然，实权都掌握在樊崇的手中，这徐宣虽然官居丞相，不过是拜樊崇不识字所赐。

樊崇的心结一解开，便开始着手施行攻取长安的计划了。开始之时，赤眉军还受到李松、赵萌、王匡、陈牧等人的顽强狙击，首次接战不利。但是不久，长安就祸起萧墙，内乱不止。樊崇则在这期间率领赤眉军主力扫荡关中北部各县，大肆掠夺粮食、辎重和财宝。九月，率领赤眉南下的樊崇在高陵大路旁边，意外地遇到了王匡、张卬等更始叛将，他们纷纷跪下，向自己乞降，樊崇自然大喜过望。

不久，流民军数十万大军齐集长安东都门外，不久便破城而入。可惜刘玄早就望风逃遁。樊崇急忙下令，追杀刘玄斩草除根。而此时的长安城内，也已经乱作一团。士兵们到此，在宵小将领的带领下，四处奔驰。

经过多次明察暗访，赤眉军最终知道，刘玄竟然在大军到来之时，就开始从北方逃脱，进入了右扶风都尉严本的地盘，躲进了高陵城。于是，樊崇大军很快就到了高陵城下，刘玄被逼无奈之下，心知大势已去，只能开城乞降。他肉袒跪在长安城长乐宫台阶下，将天子玺绶奉献给赤眉皇帝刘盆子。樊崇亦依照约定，没有诛杀刘玄，而将其封为长沙王。

就在此时，赤眉军中有人对樊崇等人肆意荼毒天下心怀不满。于是他们决定找到刘玄，重新拥立他为皇帝。张印等人亦觉察到军中似乎有不稳的动向，只能向刘玄依附着的谢禄说道，若刘玄被人劫走，必定惹出祸端，不如索性抓住时机将刘玄斩杀。此时刘玄的身边，只有一个刘恭尚且算是忠心于他，谢禄闻张印言，深觉有理。为了防止刘恭坏事，谢禄便借故把刘恭支走，然后派人命令刘玄到长安郊外去遛马。刘玄一直以为谢禄可以依附，哪里会有所防范呢，于是便欣然出了长安城。到了郊外，谢禄委派的几个跟随刘玄的士兵，便趁刘玄不备，掏出绳索将刘玄就地勒死。

东边的洛阳兵马，早就不归刘玄管辖。自此，更始政权无论是在实际上还是在名义上，都已经彻底败亡。刘玄被杀的消息很快就传到刘秀耳中，刘秀当即派人传诏西征军主将邓禹，务必获取其尸体。在邓禹的努力下，汉军最终将其尸体寻回，并将其安葬在霸陵。刘玄的妻妾和三个儿子刘歆、刘求、刘鲤都得以保全性命于乱世。刘秀安抚了他们，以彰显自己的仁义宽厚。

十里长安，人间地狱

自刘玄一死，长安的赤眉军便没有了任何顾忌，在城中肆意妄为。建武元年（公元25年）十月，傀儡皇帝刘盆子在长乐宫大宴赤眉诸将。诸位将领本就各分派系，为了夸耀自己的功劳，不惜大呼小叫，刹那间，宫城之内乱作一团。而在长安皇城之外，平民百姓则更是过上了猪狗不如的生活，流民军四处烧杀抢掠、无恶不作，长安十里之地，是曾经无数人心向往之的所在，如今俨然一副人间地狱的景象。不久，朝堂之上，赤眉军各路将领公然争吵不休。鞶尉诸葛犨在樊崇的授意下，率领甲士上殿，直接杀死百余人。神圣之地，霎时成了修罗场，尸横遍地、血流不止。而曾经刘玄在位之时，留下的千余名宫女，也因为没有粮食可吃而一一饿死。

此时的长安城，只有杨音和刘盆子的兄弟刘恭尚且算得上有一些理智。杨音屡次劝解，都没有什么效果。而刘恭为了谋求一条生路，向刘盆子进言，逊位让贤，逃出长安。只可惜，樊崇等人好不容易找到这样一个傀儡皇帝，无论如何是不可能放弃他的。刘恭也因此而差点被樊崇等人杀害，此事只能就此作罢。

而此时的邓禹，则一直犹豫不决。邓禹已经进入左冯翊境内，在拿下了夏阳等地后便一直迁延不进。当此之时，刘秀早已几乎平定了北方流民军，挥师南下，围攻洛阳，自然对邓禹的战事，只能敦促而不能亲自指挥。刘秀不明白，何以邓禹会如此作为？

其实，邓禹是有自己的考虑的，他认为，如今虽然西征的汉军人数众多，达到十几万之众，数量上与赤眉军相差不大。然而，由于精锐部队只有两万，剩下的都不过是新近招募的散兵游勇，因而能够上阵打仗的人很少。此外，汉军劳师远征，距离大后方河北相去甚远，没有可靠的物资补给线；而前面也没有可以作为依靠的根据地，缺乏足够的粮食。赤眉军刚刚攻陷了长安，获取了无数辎重和粮草，兵精粮足，气势正盛，其锋正锐，实在不可以正面抵挡。只要等到他们消耗完了士气和粮食，就定然守不住长安。到时汉军就可以兵不血刃地夺下长安。眼下，上郡、北地、安定三郡，土广人稀，饶谷多畜，汉军应该北上，整军待命，以观时变。

邓禹的这番考虑，看似没有什么疏漏，实则是只知其一，不知其二。他只知道自己的队伍需要补给线，却不知道，此刻赤眉军数十万大军亦是如土匪一般，四处抢掠。长安民众特别是其中的豪强地主，都真心地希望邓禹大军可以入主长安，赶走赤眉军。如果此番不趁着天下归心的时机收复长安，即使将来如邓禹所说，长安兵不血刃就可以归附到自己的手中，不仅难以获取民心，亦难以挽回长安的财物粮草损失，更会让赤眉军四处流窜，为天下带来更大的困扰。

刘秀到底是技高一筹，他早就看到了攻取长安的必要性和紧迫性，因而多次派遣使者前去敦促邓禹出战。哪知邓禹竟然以"将在外，君命有所不受"推辞。刘秀远在洛阳，鞭长莫及，只能眼睁睁地看着邓禹一再失去良好的战机。

建武二年（公元26年）正月，长安城的赤眉军再也无粮食可以抢掠，而那些豪强贵族们，要么私藏粮食，要么举家搬迁，赤眉军只能放弃长安。然而，长安虽然变得一贫如洗，其间的琼楼玉宇却没有多少损坏。为了不给邓禹等人留下任何财物，临出城之前，樊崇下令纵火焚烧长安城，将长安城里的皇宫殿宇全部焚毁。可怜昔日繁华富庶的长安城，如今皆化作一片火海，留下满目的败墙和瓦砾。

其实，早在数月之前，刘秀就获取了洛阳。相比于邓禹而言，刘秀在很多方面都是邓禹不能企及的，特别是刘秀在登基称帝之后，其全局性的战略眼光就逐渐显露出来。定都洛阳，亦成为他精明过人的体现，他从王莽和更始帝的下场中得到教训，认为在内战时期应避开长安。此外，定都洛阳，更有他政治军事上的全局考量，洛阳可以更方便地从大平原的关键经济区得到供应。在以后几年，刘秀稳步而有信心地把他的领地向四面八方扩大。

当面对天下另一个数一数二的重镇——前朝都城长安之时，刘秀却没有丝毫办法，他不可能兵分两头。那边有他最为亲信的邓禹在负责，只可惜邓禹在攻打长安赤眉之时，犯了糊涂，坐失良机。

赤眉军败亡

此时的赤眉军,就兵力数量而论,在天下诸侯当中,当然可以数一数二。然而,和其他三股势力相比,在战力上远远不足。当赤眉军放弃长安之后,樊崇便率领他们进入陇东高原,本以为从此可以天下广大、任我遨游,哪知却碰上了隗嚣的陇西军大将军杨广,其手下骑兵丝毫不弱于刘秀的幽州铁骑。因而赤眉军最终遭遇大败,狼狈地向东南方向逃窜而去,杨广率领陇西军一直将樊崇赶出了乌氏、泾阳才鸣金收兵。

邓禹见此,忙派兵进剿赤眉军,试图劫回他们盗掘西汉陵墓之时所获取的财物。哪知樊崇早就占据了天时地利,手握"番须口"这一夫当关、万夫莫开的优势地方,直接威胁右扶风西部的安危。于是,邓禹所部与樊崇大军在郁夷县(在今陕西宝鸡市虢镇之西)交兵,无可置疑,西征军大败而归。

邓禹遭逢大败,本应该修身养性、整军待命,然而此时的长安却因为樊崇的劫掠而贫穷不堪,邓禹数十万大军,已经断粮多时。于是,邓禹决定派遣军队去长安城外找粮食。谁知却在南山脚下遭遇了汉中王刘嘉追赶的延岑残部,又大败。无奈之下,邓禹只能暂时撤出长安。

正当延岑为自己获胜而暗自窃喜之时,却不料汉中王刘嘉竟然从背后杀出,兵败之下,他只能向汉中王刘嘉乞降。原本刘嘉就是延岑的主公,只是为了自立,他才带兵逃出。此番刘嘉念其战功,故而并没有责罚他，反而任命他为将军。此后，刘嘉、延岑、李宝三人便准备率领着十余万军队北上，屯兵陈仓道口。哪知却遭遇了赤眉军，双方大战之下，赤眉军不敌，就连大将廖湛也被敌人斩下头颅。樊崇权衡之下，只能厉兵秣马，沿着渭水东进，徐图攻取长安。

他哪里知道，邓禹刚刚遭遇连番大败，早已撤出了长安。赤眉军冒着天寒地冻，进入了一片瓦砾的长安城中，后悔不已。甚至连士气也受到影响，大到将领小到兵士，均生出了归返故乡的念头。就在此时，邓禹也率领部众杀了回来，准备借机捞上一把，打击一下敌人的残兵。只可惜，赤眉军并没有他想象的那么虚弱。不久，邓禹便战败逃回云阳，其手下将士也只剩下数千人，时局转换得如此之快，实在是让人难以相信。

而一边的赤眉军，却并没有像汉军一样，被延岑、李宝等人杀得大败，真可谓是"天外有天、人外有人"了。此后，邓禹又杀了汉中王部下前来请求联合的李宝，只因为自己连番失败，李宝傲慢便犯下如此错误。此后，邓禹之败更是一发不可收拾。直到刘秀果断任用冯异为征西将军，代替邓禹，才让西线的战事逐渐转危为安。当然，对于刘秀派遣冯异代替自己，邓禹是很有意见的。冯异不过是半路降将，邓禹则是一直跟随刘秀的忠臣。因此，从心底讲，他是不愿意自己大权旁落的。

冯异到达之后，邓禹便命令部下出战，攻打赤眉军。其中，邓弘为先锋，冯异为后援，主要攻击赤眉军弘农郡一部。敌人诈败，邓弘立刻上当，急忙追击，不料敌人调头便猛烈地攻击邓弘，猝不及防之下，死伤无数。幸好冯异当机立断，率领自己带领的数万将士杀出，才救下邓弘、打退赤眉。

当此之时，冯异急忙向邓禹建议："大司徒！末将以为我军久战，锋锐已疲，不如撤退回营，来日再战不迟。"哪知邓禹不听，遂再次率军出战。而赤眉军这边，则高兴不已，因为邓禹又一次中了他们的诈败之计。邓禹一路追击，直到回谿谷内，遭到赤眉军伏兵的猛烈攻杀。冯异为后援，当他得知邓禹追进回谿之后，大惊失色。他久经沙场，一看便知晓邓禹中了敌人的奸计，他担心邓禹有失，不顾自身安危，急忙率部也跟着进去支援。可惜，等他到达战场，邓禹早就率领二十四人残部逃往宜阳，余下数千将士都成了谷中之鬼。

一波未平一波又起，赤眉军知晓敌军必定会前来支援，便布下口袋阵，恰好冯异一头扎入。幸得冯异机敏，一见之下，忙将部队调头，从山坡上冲出一条血路，最终逃回大营。"大难不死，必有后福"，此言实在有理。此次一败，可以说都是邓禹错误的战略战术所致，冯异返回军营，毫不气馁，积极备战，同时向刘秀报告军情。刘秀闻讯，亦大为吃惊，幡然醒悟不该派遣邓禹前去征西。沧海横流方显英雄本色，刘秀于危难之时，毅然决定，相信冯异的实力，放赤眉军东进。冯异亦不是一个省油的灯，他决意要报回谿一败之仇，下令紧闭营门，坚壁清野，不许部下出战。同时，他又暗中下令四处搜罗在回谿一战失散的残兵败将，尽可能地让他们归队。很快，就有两万多人聚集到他的麾下。于是，冯异忙向樊崇下战书，会猎于野。这一战，首先樊崇便比较轻视冯异，其次，冯异汉军则是知耻而后勇，他们在冯异这一位当世名将的带领下，以区区两万人马，杀得樊崇三十万大军大败而逃。冯异当即率领大军追击，到了崤山一带，冯异追上了赤眉军。

崤山是古代最为著名的战地之一，以山高谷绝，峻坂迂回，形势险要而闻名天下，是关中三辅至中原诸郡的天然屏障。此山中间有南、北二崤道，亦称南陵、北陵。南陵为夏后皋之墓，北陵有周文王避风雨台遗址，也是孟尝君靠着"鸡鸣狗盗"之处，也是老子西行之地。此番被汉军追击，狭长的古道上，赤眉军单面应敌，而且后退得极为缓慢，在冯异强有力的攻击之下，赤眉军再次大败，无力再战，大量士兵放下武器，向汉军缴械投降。樊崇见大势已去，只好抛弃了老弱眷属，率领主力狼狈不堪地向正东方向逃窜。

到此，樊崇才真正领略了冯异的厉害，率领二十万赤眉残军，逃到宜阳境内。从华阴到崤山，再到渑池，最后到新安，冯异与樊崇的这一场大战终于胜利结束。经此一役，冯异俘获赤眉军男女八万余人，可谓大获全胜。虽然这场会战，单以规模而言，不能与昆阳之战相提并论，但是它的战略意义却极为重大。冯异亦通过这场阻击战，再次展现了他非凡的胆略和高超的用兵技巧，以两万人马，将樊崇的三十万大军杀得四散奔逃、溃不成军，赤眉三分之一的重要骨干成员在战役中被消灭，不得不说，这是一个惊人的奇迹。从此，樊崇的赤眉军主力遭到了重创，其寿终正寝之日已经不远。

刘秀早就在宜阳布置下数十万大军，以逸待劳，当樊崇二十万残军到达宜阳之时，看见眼前突然出现的数十万威武大军，吓得心胆俱裂。只见刘秀亲自统率六军，大摆兵阵，大司马吴汉的精兵列队在阵前，中军随后，骁骑、武卫两军分别列阵在左右两侧。赤眉军看到这种阵势之后，都感到震惊和恐怖。樊崇一世英雄，纵横天下，所向无敌，此番刚刚遭受冯异的猛烈攻击，兵败如山倒，让樊崇自己都难以相信。到了宜阳城下，本以为又可以凭借兵力，夺取城池，过上逍遥快活的日子，哪知刘秀竟然来了个瓮中捉鳖。眼下赤眉军已经是弹尽粮绝，辎重全无，兵马劳顿不堪，士气斗志尽失，樊崇虽然目不识丁，却也对时局洞若观火，为今之计，只有投降一条道路可走。于是，樊崇便派遣刘恭前去乞降。此刻，樊崇已经没有了和刘秀谈判的本钱，刘秀答应饶恕他的性命，眼见大势已去，他便同意了投降。

不日，赤眉军的君臣都自行反绑双手，带着高祖刘邦传下的玺印前来投降，光武帝下诏令把受降事宜交给城门校尉办理；又颁布诏书，祭祀高庙，"赏赐天下继承父亲地位的长子爵位，每人加封一级"。

二月己未日，光武帝刘秀到高祖神庙祭祀，接受传国印玺。历时数年，刘秀终于平定了赤眉军，获取和稳固了河东和关中地区，天下一统指日可待。